Greg Behrendt und Liz Tuccillo

»Er steht einfach nicht auf Dich!«

Locker bleiben und die falschen Männer
schneller aussortieren

Aus dem Amerikanischen
von Andrea Brandl

blanvalet

Die Originalausgabe erschien 2004 unter dem Titel
»He's Just Not That Into You. The No-Excuses Truth to
Understanding Guys« bei Simon Spotlight Entertainment,
an imprint of Simon & Schuster, Inc., New York.

MIX
Papier aus verantwor-
tungsvollen Quellen
FSC® C014496

Verlagsgruppe Random House FSC® N001967

2. Auflage
Taschenbuchausgabe Februar 2016 im Blanvalet Verlag, München,
einem Unternehmen der Verlagsgruppe Random House GmbH.
Copyright © 2004 by Greg Behrendt und Liz Tuccillo.
Published by arrangement with Simon Spotlight Entertainment,
an imprint of Simon & Schuster, Inc., New York.
Copyright © der deutschsprachigen Ausgabe 2006
by Blanvalet Verlag, München, einem Unternehmen
der Verlagsgruppe Random House GmbH.
Umschlaggestaltung: semper smile, München
Umschlagmotiv: © silm/Shutterstock
ES · Herstellung: LW
Satz: Uhl + Massopust, Aalen
Druck und Einband: GGP Media GmbH, Pößneck
Printed in Germany
ISBN: 978-3-7341-0217-2

www.blanvalet.de

Dieses Buch ist all den reizenden Frauen
da draußen gewidmet, deren Geschichten
uns zum Schreiben inspiriert haben.
Auf dass wir nie wieder ein
solches Buch schreiben müssen.

An den Leser

Bei den Geschichten in diesem Buch handelt es sich um repräsentative Beispiele, die weder auf realen Begebenheiten noch auf lebenden Personen beruhen. Außerdem sollen sie keinesfalls offenkundige Versuche darstellen, uns über Freunde, Feinde oder Expartner lustig zu machen, auch wenn der eine oder andere das glauben mag.

(Auch wenn wir zugeben müssen, dass uns dieser Gedanke irgendwann einmal in den Sinn kam.)

– Greg und Liz

Inhalt

Ein paar Worte vorab von Liz

Es war ein Tag wie jeder andere. Wir saßen im Autorenbüro von *Sex and the City*, redeten, warfen uns gegenseitig verbale Bälle zu und vermischten unsere eigenen Erfahrungen in Liebesangelegenheiten mit denen der erfundenen Existenzen, denen wir in diesem Büro Leben einhauchten. Wie an vielen anderen gewöhnlichen Tagen fragte eine der Anwesenden uns nach unserer Meinung zum Verhalten eines Mannes, den sie mochte. Freudig stürzten wir uns auf das Thema und zerpflückten mit Begeisterung jedes Signal und jede Äußerung von ihm. Ebenso alltäglich war, dass wir nach endlosen Analysen und Debatten zu folgendem Schluss gelangten: *Sie* ist einfach allererste Sahne, während *er* Angst hat, noch nie vorher einer so tollen Frau begegnet ist, sich von ihr eingeschüchtert fühlt und dass sie ihm nur ein wenig Zeit geben muss. Aber an diesem Tag saß ein Berater in unserer Runde – ein Mann, der alle paar Tage zu uns ins Büro kommt, um uns Feedback zu unseren Storys zu geben und eine gewisse männliche Perspektive ins Spiel zu bringen: Greg Behrendt. Gespannt lauschte Greg also der Schilderung und unseren Reaktionen darauf, ehe er sich an die Betreffende wandte. »Also für mich klingt das, als würde er einfach nicht auf dich stehen.«

Wir waren schockiert, entsetzt, belustigt, erschüttert und

vor allen Dingen – neugierig. Instinktiv spürten wir, dass dieser Mann möglicherweise die Wahrheit sagte. Eine Wahrheit, die wir mit unserer vereinten Rendezvous-Erfahrung von mindestens hundert Jahren nie in Betracht gezogen und folglich auch nie im Leben laut auszusprechen gewagt hätten. »Okay, könnte sein, dass da was dran ist«, räumten wir widerstrebend ein. »Aber Greg kann wohl kaum nachvollziehen, was in meinem wahnsinnig beschäftigten und ziemlich komplizierten künftigen Ehemann vorgeht.« Und kurze Zeit später saß Greg, der allwissende Buddha, immer noch da und hörte sich eine ominöse Beziehungsgeschichte nach der anderen an. Für jeden dieser Männer hatten wir eine Ausrede parat – von gebrochenen Wählfingern bis zu traumatischen Kindheitserlebnissen. Doch Greg schoss sie allesamt mit seiner alles zerschmetternden silbernen Kugel ab. In einem geradezu übermenschlichen Kraftakt machte Greg uns klar, dass es nichts gab, das einen (geistig normalen) Mann davon abhält, sein Ziel zu erreichen, wenn er einen wirklich mag. Und wenn er geistig nicht normal ist – tja, warum sollte man sich mit einem solchen Mann einlassen wollen? Er konnte seine Behauptung auch beweisen: Er verfügte über jahrelange Erfahrung auf dem Single-Markt, war mal der Nette, dann wieder der Böse gewesen, ehe er sich am Ende in eine wirklich tolle Frau verliebt und sie geheiratet hatte.

Mit einem Mal schien sich so etwas wie eine kollektive Erleuchtung im Raum einzustellen, ganz besonders bei mir. All die Jahre hatte ich mich über Männer und ihre undurchsichtigen Signale beschwert, und jetzt wurde mir klar, dass sie gar nicht so undurchsichtig gewesen waren. Stattdessen hatte ich sie lediglich missverstanden. Denn Tatsache war, dass diese Männer einfach nicht auf mich gestanden hatten.

Man sollte annehmen, diese Erkenntnis hätte uns demoralisiert und in wilde Panik ausbrechen lassen, aber genau das Gegenteil passierte. Wissen ist Macht, und, was noch wichtiger ist, es erspart einem eine Menge Zeit. Mir wurde klar, dass mir von diesem Tag an endlose Stunden erspart blieben, die ich wartend vor dem Telefon zubrachte, endlose Stunden, in denen ich mich mit meinen Freundinnen beratschlagen musste, endlose Stunden, in denen ich einfach nur hoffte, dass seine undurchsichtigen Signale in Wahrheit »Ich liebe dich und möchte mit dir zusammen sein« bedeuteten. Greg hielt uns vor Augen, dass wir allesamt schöne, kluge und witzige Frauen sind, die ihre Zeit nicht mit Grübeleien vergeuden sollten, weshalb ein Mann uns nicht anruft. Wir sollten unsere Schönheit nicht vergeuden, wie Greg immer sagt.

Es ist schwer. Man bringt uns bei, stets das Positive in allem zu suchen, optimistisch zu sein. Aber nicht in diesem Fall. In dieser Situation muss man vom Schlimmsten ausgehen, von Zurückweisung. Man muss davon ausgehen, die Regel zu sein, nicht die Ausnahme. Diese Erkenntnis hat etwas geradezu berauschend Befreiendes. Aber wir wissen auch, dass es nicht einfach ist. Denn das Ganze läuft immer nach demselben Schema ab: Wir gehen mit jemandem aus, fangen an, uns für denjenigen zu begeistern, bis der Betreffende etwas tut, das uns ein wenig enttäuscht. Dann folgen immer mehr Enttäuschungen. Und am Ende verfallen wir über Wochen oder gar Monate in einen Ausreden-Modus, weil wir unter keinen Umständen denken wollen, dass dieser tolle Mann, der uns dermaßen in Aufregung versetzt, gerade dabei ist, sich in einen echten Blödmann zu verwandeln. Deshalb lassen wir uns ständig neue Erklärungen dafür einfallen, warum er sich so oder so verhält – absolut *jede* Erklärung, wie lächerlich sie auch sein mag, nur die nicht, die der Wahrheit entspricht: Er steht einfach nicht auf mich.

Aus diesem Grund haben wir in diesem Buch Fragen von Frauen aus realen Situationen zusammengestellt. Sie repräsentieren die Basisausreden, auf die wir alle wesentlich länger zurückgreifen, als wir sollten. Also, lest dieses Buch, amüsiert euch damit und lernt (hoffentlich) aus der Verwirrung anderer Frauen. Und, was noch viel wichtiger ist, wenn der Mann, mit dem ihr gerade zusammen seid, nicht den Eindruck macht, als wäre er vollkommen verrückt nach euch, oder wenn ihr glaubt, ihm dahingehend »auf den Zahn fühlen« zu müssen, behaltet bitte den brillanten Gedanken im Hinterkopf, dass er möglicherweise einfach nicht auf euch steht. In diesem Fall lasst ihn seiner Wege gehen und macht euch auf die Suche nach dem Mann, der genau das tut. Auf euch stehen.

Ein paar Worte vorab von Greg

Ich sitze also im Autorenbüro von *Sex and the City* und freue mich über mein Schicksal, der einzige Hetero-Mann in einem vorwiegend weiblichen Autorenteam zu sein (ehrlich gesagt, knabbere ich währenddessen an einem Keks), als die Mädels um mich herum anfangen, sich über die Männer auszulassen, mit denen sie zusammen sind. Das ist nicht weiter erstaunlich, wenn Autoren zusammensitzen, um ein Drehbuch für eine Fernsehsendung zu schreiben, in deren Mittelpunkt romantische Beziehungen stehen. Es ist unfassbar faszinierend. Mir ist klar, wie sarkastisch das klingt, aber ich meine es ernst.

»Greg, du bist doch ein Mann«, meinte also eine der Autorinnen. Sehr aufmerksam, die Gute, denn das bin ich tatsächlich. »Also, ich bin mit diesem Typen zusammen... Na ja, zumindest dachte ich das bisher.« Mir ist jetzt schon klar, was als Nächstes kommt. »Also, wir sind zusammen ins Kino gegangen, und es war wirklich toll. Ich meine, er hat nicht die ganze Zeit meine Hand gehalten, aber das ist völlig in Ordnung. Ich halte nicht gern Händchen.« Ich weiß immer noch, was als Nächstes kommt. »Aber danach, auf dem Parkplatz, hat er mich geküsst. Und zwar so leidenschaftlich, dass ich ihn gefragt habe, ob er mit zu mir kommen will. Aber er hatte am nächsten Morgen einen wichtigen Termin, deshalb hat er abgelehnt.« Also bitte! Soll das ein Witz sein? *Natürlich* hab ich es gewusst.

»Hast du seit diesem Abend wieder von ihm gehört?«, fragte ich.

»Na ja, das ist ja das Problem. Es ist jetzt eine Woche her …« – spätestens jetzt wäre auch *euch* klar gewesen, was kommt – »… und heute schickt er mir auf einmal eine E-Mail und macht einen auf ›Wieso hast du dich nie gemeldet?‹«

Ich starrte sie einen Moment lang an, während mir die Erwiderung förmlich aus den Augen quoll. (Oh, Mann, manchmal kriege ich eine Riesenwut auf euch, Mädels!) Hier sitzt eine wunderschöne, talentierte, überaus kluge Drehbuchautorin einer mehrfach preisgekrönten und für ihre messerscharfen Erkenntnisse über die Männerwelt berühmten Fernsehsendung vor mir – sprich, eine Frau, von der man annehmen sollte, dass sie so ungefähr jeden Mann bekommen kann, den sie will. Und dieses Spitzenexemplar von einer Frau lässt sich von einer Situation vollkommen aus dem Konzept bringen, die für mich ganz eindeutig auf der Hand liegt. Aus dem Konzept bringen ist eigentlich das falsche Wort, weil sie viel zu klug dafür ist. Sie macht sich Hoffnungen, so muss man es ausdrücken. Leider ist die Situation völlig hoffnungslos, deshalb rücke ich sofort mit der Sprache heraus. »Er steht einfach nicht auf dich.«

Und das ist die gute Nachricht, sage ich euch, denn seine Zeit mit dem falschen Menschen zu vergeuden, ist Zeitverschwendung der übelsten Art. Hat man erst einmal den richtigen Menschen für sich gefunden, wünscht man sich unter Garantie nicht, man hätte mehr Zeit mit Mr. *Ich lass mir alle Zeit der Welt* oder Mr. *Ich hab vergessen dich anzurufen* verbracht, so viel steht fest.

Ich bin kein Arzt, weder in meiner Fantasie noch im wahren Leben, aber ich bin definitiv ein Experte, dem man aus einem sehr, sehr wichtigen Grund zuhören sollte: Ich bin ein Mann – ein Mann, der ausreichend viele Beziehungen hinter sich hat und bereit ist, sich zu seinem Verhalten von damals zu bekennen. Weil ich ein Mann bin, weiß ich, wie ein Mann denkt, fühlt und handelt, und es ist meine Pflicht, den Frauen zu sagen, wer wir wirklich sind. Ich bin es leid zuzusehen, wie sich tolle Frauen an miserable Beziehungen klammern.

Mädels, wenn ein Kerl wirklich auf euch steht, lässt er es euch wissen. Er ruft an, er kommt vorbei, er will eure Freunde kennen lernen, kann den Blick nicht von euch wenden, und wenn der richtige Zeitpunkt für Sex gekommen ist, ist er mehr als bereit, seine Pflichten zu erfüllen. Es interessiert keinen, ob er am nächsten Morgen um 0400 (das bedeutet, 04:00 morgens, meine Damen!) seinen neuen Job als Präsident der Vereinigten Staaten von Amerika antreten muss. Er kommt!

Wir Männer sind nicht kompliziert, obwohl wir gern hätten, dass ihr das von uns glaubt – nach dem Motto »im Moment geht es ziemlich drunter und drüber. Ich habe tonnenweise Ärger am Hals.« Wir werden vom Sex bestimmt, obwohl wir gern vorgeben, es wäre anders. »Wie? Nein, ich habe dir genau zugehört?!«

Trauriger- (und peinlicher)weise würden wir lieber den Arm aus dem Busfenster halten und abreißen lassen, als schlicht und einfach zuzugeben: »Du bist es einfach nicht.« Wir sind ziemlich sicher, dass ihr uns dafür umbringt oder euch oder uns beide oder, was noch viel schlimmer wäre, in Tränen ausbrecht und uns anschreit. Wir sind echte Jammerlappen. Aber Tatsache bleibt, auch wenn wir es nicht explizit sagen, wir zeigen es euch unmissverständlich. Wenn ein Kerl nicht anruft, obwohl er sagt, dass er es tut, dann habt ihr die Antwort. Also hört auf, euch ständig Ausreden für ihn einfallen zu lassen, während sein Verhalten euch doch die Wahrheit ins Gesicht schreit: Er steht einfach nicht auf dich.

Vergesst den Typen und lebt euer Leben, Schwestern! Verschwendet eure Zeit nicht mit unnötigen Dingen. Warum sich mit einer völligen Rendezvous-Flasche herumschlagen, wenn man etwas Besseres bekommen kann? Ihr wollt das nicht hören? Prima. Dann sollt ihr bekommen, was ihr wollt. »Bleibt, wo ihr seid, Kinder. Er ist nicht der Loser, für den ihn alle anderen halten. Wenn ihr nur weiter schön abwartet, den Mund haltet, genau zur richtigen Zeit anruft, seine Launen vorausahnt und keinerlei Erwartungen an Dinge wie Kommunikation und eure eigenen sexuellen Bedürfnisse habt, ist er bestimmt genau der Richtige!« Aber fallt bitte nicht aus allen Wolken, wenn er euch eines Tages abserviert oder euch in eine völlig unbefriedigende Beziehung hineinzwingt.

Ihr kennt all das nur zu gut, und ihr seid es endgültig leid. Wahrscheinlich ist das der Grund, weshalb ihr jetzt dieses Buch in der Hand habt. Ihr wisst, dass ihr eine tolle Beziehung verdient. Das finden wir auch. Also, schnappt euch einen Textmarker und legt los. Liz hat bereits angekündigt, was ich sagen werde: Ihr solltet eure Schönheit nicht vergeuden.

Im Grunde seid ihr alle mit demselben Typen zusammen

Hey, ich kenne den Kerl, mit dem ihr regelmäßig ausgeht.

Ja, ihr habt richtig gehört. Es ist der Mann, der tierisch müde von der Arbeit und schrecklich gestresst von dem Projekt ist, das er im Moment am Hals hat. Er hat gerade eine üble Trennung hinter sich, die ihm ziemlich zugesetzt hat. Die Scheidung seiner Eltern hat ihre Spuren bei ihm hinterlassen, und er hat ein Problem damit, anderen zu vertrauen. Im Moment steht seine Karriere an oberster Stelle. Er kann sich erst wieder auf eine Beziehung einlassen, wenn er weiß, worum es im Leben überhaupt geht. Er hat ein neues Apartment, und der Umzug ist eine Katastrophe. Sobald ein wenig Ruhe eingekehrt ist, trennt er sich von seiner Frau oder Freundin oder kündigt seinen Job. Oh Gott, er ist so kompliziert.

Er ist ein Mann, der ausschließlich aus den Ausreden besteht, die ihr euch für ihn einfallen lasst. Und sobald ihr damit aufhört, wird er vollständig aus eurem Leben verschwunden sein. Gibt es Männer, die zu beschäftigt sind oder zu schreckliche Dinge erlebt haben, um sich auf eine Beziehung einzulassen? Ja, die gibt es, aber so wenige, dass sie in die Kategorie der modernen Mythen eingereiht werden sollten. Wie gesagt – ein Mann würde sich lieber von einer Herde Elefanten niedertrampeln lassen, als zuzugeben, dass er nicht auf euch steht. Das ist der Grund, weshalb wir dieses Buch geschrieben haben. Wir wollten die Ausreden ans Tageslicht zerren, damit alle sie als das betrachten können, was sie in Wahrheit sind: echt lahme Ausreden.

Hey, erinnert ihr euch noch an den Film, in dem das Mädchen die ganze Zeit darauf wartet, dass der Mann sie um ein Rendezvous bittet und jede Menge Ausreden erfindet, als er es nicht tut? Dann schläft sie mit ihm, als sie beide betrunken sind, und drückt sich in seiner Nähe herum, bis sie sozusagen zusammen sind? Als Nächstes betrügt er sie, aber tief im Inneren weiß sie, dass sie ihn am Ende kriegen wird, wenn sie ihm verzeiht, ihre Erwartungen herunterschraubt und nett zu ihm ist? Bei der Hochzeit ist er stockbetrunken, und sie leben unglücklich und unzufrieden in einer lausigen Beziehung, die auf einem lausigen, wackligen Fundament steht? Ihr kennt den Film nicht? Natürlich nicht, denn solche Filme werden niemals gedreht, weil die Liebe so nicht funktioniert. Die Leute sind davon beflügelt, ganz besondere Dinge zu tun, um den Menschen zu finden, den sie lieben, und mit ihm zusammen zu sein. Die größten Filme handeln davon, und jede Beziehung, die ihr darin bewundert, ist von einer Einzigartigkeit und Klasse, die ihr euch für eure eigene Beziehung erhofft. Je höher ihr euren eigenen Wert ansetzt, umso größer ist die Chance, dass ihr genau das bekommt. Also, lest die Ausreden, amüsiert euch darüber und dann … verabschiedet euch von ihnen. Ihr seid es wert.

1
Er steht einfach nicht auf dich...
wenn er nicht mit dir ausgehen will

Denn wenn er auf dich steht,
tut er es auch, glaubt mir.

Ich habe schon von vielen Frauen den Spruch »Männer regieren die Welt, Greg« gehört. Wow. Das klingt ja gerade so, als wären wir ziemlich patente Burschen. Warum sollten wir also nicht in der Lage sein, so etwas Einfaches auf die Reihe zu kriegen, wie einen Hörer in die Hand zu nehmen und euch um ein Rendezvous zu bitten? Manchmal glaubt ihr Frauen offenbar, wir wären »zu schüchtern« oder hätten »gerade eine ziemlich üble Geschichte« hinter uns. Aber ich sage euch eines: Für Männer ist es eine enorme Befriedigung zu bekommen, was sie haben wollen. (Insbesondere wenn sie einen anstrengenden Tag hinter sich haben, an dem sie die Welt regiert haben.) Wenn wir euch haben wollen, finden wir euch auch. Und wenn ihr glaubt, ihr hättet ihm nicht genug Zeit gegeben, euch zu bemerken, nehmt einfach die Zeit, die ihr gebraucht habt, um ihn zu bemerken, und teilt sie durch zwei.

Und jetzt lest unser Buch – eine Erfahrung, die euer Leben verändern wird. Wir haben Geschichten, die uns erzählt wurden, und Fragen, mit denen man an uns herangetreten ist, in einem einfachen Frage- und Antwortmuster zusammengestellt. Mit ein bisschen Glück werdet ihr die nachfolgenden Fragen lesen und genau wissen, was sie sind: Ausreden, die

Frauen für ihre unbefriedigenden Beziehungsversuche gefunden haben. Für den Fall, dass ihr etwas weniger Glück habt und sie nicht erkennt, haben wir die Kapitel mit aussagekräftigen Überschriften versehen.

Die »Vielleicht will er ja unsere Freundschaft nicht aufs Spiel setzen«-Ausrede

Lieber Greg,

ich bin so enttäuscht. Es gibt da einen Mann, mit dem ich schon seit etwa zehn Jahren platonisch befreundet bin. Er lebt in einer anderen Stadt, aber kürzlich war er geschäftlich hier, also haben wir uns zum Abendessen getroffen. Mit einem Mal hat es sich angefühlt wie ein Rendezvous. Er hat nach allen Regeln der Kunst mit mir geflirtet und sogar gemeint »Und, wie sieht's aus, verdienst du dein Geld jetzt als Model?« (Das ist doch flirten, oder?) Wir waren uns einig, dass wir uns bald wiedersehen sollten. Tja, und jetzt bin ich enttäuscht, weil das Ganze zwei Wochen her ist und er sich nicht gemeldet hat. Kann ich ihn anrufen? Vielleicht macht ihn die Vorstellung nervös, unsere Freundschaft in eine Romanze zu verwandeln. Kann ich ihn nicht ein bisschen anstupsen? Ist das nicht der Sinn einer Freundschaft?

Jodi

Liebes nettes Mädchen,

zwei Wochen sind zwei Wochen, es sei denn, es sind zehn Jahre und zwei Wochen. Genau so lange ist es nämlich her, dass er sich entschieden hat, ob er sich mit einem Model oder einem Mädchen einlassen will, das wie ein Model aussieht. Ob du ein guter Kumpel sein und ihn ein wenig anstupsen kannst? Stups nur, Kumpel, aber mach dich darauf gefasst, dass dein Stupser damit endet, dass er dich nicht zurückruft. Selbst wenn dein Abendessens-/Flirtpartner seine Meinung geändert haben sollte, sind seither zwei Wochen vergangen, und er hatte genug Zeit, darüber nachzudenken und zu dem Schluss zu gelangen, dass er einfach nicht auf dich steht. Die Wahrheit lautet folgendermaßen: Männer haben keine Angst davor, eine Freundschaft zu zerstören, wenn sie mit Sex enden könnte, sei es durch eine »Ich gehe mit meinem besten weiblichen Kumpel ins Bett«-Geschichte oder eine richtige Romanze. Such dir jemanden, der dieselbe Postleitzahl hat wie du und von tief schürfenden Gesprächen und deiner Model-Optik wirklich hingerissen ist.

Ich sage es wirklich nicht gern, aber diese ganze »Ich will unsere Freundschaft nicht zerstören«-Nummer ist eine ziemlich miese Tour. Sie funktioniert deshalb so gut, weil sie so weise daherkommt. Sex könnte eine Freundschaft tatsächlich zerstören. Leider wurde diese Ausrede in der gesamten Geschichte der Menschheit nie von jemandem angeführt, der sie auch so gemeint hat. Wenn wir ernsthaft auf jemanden stehen, können wir uns nicht beherrschen, sondern wollen mehr. Wenn wir mit jemandem befreundet sind und uns zu ihm oder ihr hingezogen fühlen, wollen wir, dass sich mehr daraus entwickelt. Bitte, erzählt mir nicht, er hätte nur »Angst«. Das Einzige, wovor er Angst hat – und ich sage das wirklich bei aller Liebe –, ist davor, wie wenig er sich in Wahrheit zu dir hingezogen fühlt.

Die »Vielleicht fühlt er sich ja von mir eingeschüchtert«-Ausrede

Lieber Greg,

ich schwärme für meinen Gärtner, der die Pflanzen in meinem Innenhof eintopft. Es war wahnsinnig heiß draußen. Ich habe ihn ohne Hemd gesehen. Er war total heiß, und jetzt bin ich total heiß auf ihn. Ich habe ein paar Flaschen Bier nach draußen mitgenommen, und wir haben uns unterhalten. Ich glaube, er würde mich gern um eine Verabredung bitten, hat aber Angst, weil ich ihn angestellt habe. Kann ich ihn in dieser Situation nicht selber fragen?   Cherie

Liebe Miss Garten der Lüste,

er ist durchaus in der Lage, dich um eine Verabredung zu bitten. Hast du dir etwa noch nie einen Porno angesehen? Man kann nur hoffen, dass er rechtzeitig vor dem Pizzalieferanten kommt. Aber im Ernst – wenn er nach dem Bier im Garten nicht angesprungen ist, hat es nichts damit zu tun, dass du seine Arbeitgeberin bist. Lass es gut sein und sieh der Tatsache ins Gesicht: Er steht einfach nicht auf dich.

Ich sage es noch mal: Allen Gesetzen über die sexuelle Belästigung am Arbeitsplatz und Firmen-Memos zum Trotz wird ein Mann eine ihm hierarchisch höher gestellte Frau um ein Rendezvous bitten, wenn er auf sie steht. Mag sein, dass er ein wenig mehr Ermunterung als unter gewöhnlichen Umständen benötigt. Mag sein, dass Johnny, der Bürobursche, oder Phillipe, der Tinten-Exterminator, einen winzigen Schubs braucht, trotzdem solltet ihr ihm nicht noch dabei helfen, euch um eine Verabredung zu bitten. Noch mal, Ladys, ein Lächeln und kurzes Zwinkern genügen völlig.

Wo wir gerade dabei sind – wieso wollt ihr mit dem Exterminator ausgehen?

War nur Spaß, er ist ein netter Kerl.

Die »Vielleicht will er es langsam angehen«-Ausrede

Lieber Greg,

es gibt da diesen Mann, der mich die ganze Zeit anruft. Er hat sich erst vor kurzem scheiden las-

sen und ist den Anonymen Alkoholikern beige-
treten. Wir haben in letzter Zeit häufig telefoniert
und uns in einer Woche sogar zweimal getroffen,
es war wirklich toll. Wir haben nicht geflirtet
und uns gegenseitig angemacht oder so etwas,
sondern es war einfach nur lustig. Seither ruft
er mich ständig an, schlägt aber nie vor, dass
wir uns noch mal treffen sollen. Es kommt mir
so vor, als hätte er kalte Füße bekommen. Ich
würde ja verstehen, dass er es angesichts dieser
Scheidungs-/Alkohol-/Neues-Leben-Anfangen-Ge-
schichte langsam angehen will, aber er ruft mich
immer noch pausenlos an und redet über ziemlich intime Dinge mit mir. Was zum Teufel soll ich
mit diesem Kerl machen?   Jen

Liebe Miss Bettgeflüster,
   leider gibt es wohl keinen größeren Beziehungs-
hinderungsgrund, als sich nicht mit jemandem
treffen zu wollen. Und was dieses Frisch geschie-
den-/Gerade erst trocken-/Neues-Leben-Anfan-
gen-Blabla angeht – es ist heiß, und ich bin so
müde, dass ich mich jetzt hinlege und ein Nicker-
chen mache. Wenn ich aufwache, bekomme ich
vielleicht die tolle Nachricht zu hören, dass dein
Freund sein Leben wieder auf die Reihe kriegt. Du
hingegen wirst immer noch ohne Verabredung zu
Hause sitzen, weil er dich trotz all deiner Ausreden immer noch nicht um ein Rendezvous bittet.
Wenn du zu denen gehörst, die eine gewisse Be-

friedigung aus einer Telefonbeziehung ziehen, mach weiter so! Für mich sieht es so aus, als ob er einfach nicht auf dich steht. Sei seine Freundin, wenn du auf dieser Ebene an ihm interessiert bist, aber richte deine romantischen Sehnsüchte auf einen passenderen künftigen Ehemann.

Wenn ein Mann euch wirklich mag, es aus persönlichen Gründen aber ein wenig langsamer angehen will, *wird er es euch auf der Stelle wissen lassen*. Er wird euch nicht im Unklaren darüber lassen, weil er sicher sein möchte, dass ihr nicht frustriert seid und davonlauft.

Die »Aber er hat mir doch seine Telefonnummer gegeben«-Ausrede

Lieber Greg,

diese Woche habe ich einen echt süßen Typen in einer Bar kennen gelernt. Er hat mir seine Nummer gegeben und gemeint, ich solle ihn irgendwann mal anrufen. Ich fand es ziemlich cool, mir einfach so die Kontrolle über die Situation zu überlassen. Ich kann ihn doch anrufen, oder?

Lauren

Liebe Miss Kontrollfreak,

hat er dir tatsächlich die Kontrolle überlassen, oder hat er dir nur den schweren Teil der Arbeit aufs Auge gedrückt? Was er getan hat, bezeichnet man als Magie-Trick: Es scheint, als hätte er dir die Kontrolle überlassen, in Wahrheit aber liegt es jetzt in seiner Hand, zu- oder abzusagen. Warum nimmst du nicht einfach Mr. Copperfields Nummer, wickelst eine Zeitung darum, schüttest Milch hinein und lässt sie verschwinden?

»Ruf mich an«, »Schick mir eine Mail«, »Sag Joey, wir sollten uns irgendwann mal treffen«. *Lasst euch nicht mit einem Trick dazu bringen, ihn um eine Verabredung zu bitten.* Wenn Männer wollen, sind sie auch bereit, die Arbeit zu erledigen. Mir ist klar, dass das altmodisch klingt, aber wenn Männer eine Frau mögen, bitten sie sie auch um ein Rendezvous.

Die »Vielleicht hat er mich nur vergessen«-Ausrede

Lieber Greg,

okay, hör dir diese Geschichte mal an: Neulich war ich bei einer Konferenz und habe einen Kollegen aus einer anderen Zweigstelle unserer Firma kennen gelernt. Wir hatten auf der

Stelle einen Draht zueinander. Er wollte mich gerade nach meiner Telefonnummer fragen, ich schwöre, als der legendäre Stromausfall passierte. Im darauf folgenden Durcheinander kam ich nicht mehr dazu, ihm meine Nummer zu geben. Ich denke, der Stromausfall von 2003 ist eine ausreichend plausible Entschuldigung, ihn anzurufen, findest du nicht? Es ist doch reine Höflichkeit, wenn ich den ersten Schritt mache, oder? Wenn ich nicht anrufe, ist er bestimmt traurig und denkt, ich stehe nicht auf ihn.

Judy

Liebe Miss Komplettausfall,

die Stadt hatte einen Ausfall. Nicht er. Du hast erwähnt, dass ihr in verschiedenen Zweigstellen derselben Firma arbeitet. Also ist es bestimmt nicht zu viel verlangt, dass er die Telefonlisten oder das Mail-Verzeichnis eurer Firma durchsieht, um dich zu finden. Und sollte er nicht so einfallsreich sein wie du, ist es wohl anzunehmen, dass er eine Mutter, Schwester oder eine gute Freundin hat, die ihm zeigt, wie man so etwas macht. Wenn er ernsthaft Interesse hat.

P.S. Du solltest dich wirklich schämen, eine der größten Katastrophen an der Ostküste Nordamerikas als Ausrede zu benutzen, einen Typen anzurufen.

Habt Vertrauen. Ihr habt einen bleibenden Eindruck hinterlassen. Lasst es dabei bewenden. Wenn er euch mag, wird er sich auch noch nach einem Seebeben, einer Überschwemmung oder einem verlorenen Spiel der Red Sox an euch erinnern. Wenn nicht, ist er eure Zeit nicht wert. Und wisst ihr auch, warum? Weil ihr toll seid. (Kein Grund, gleich eingebildet zu werden!)

Die »Vielleicht habe ich einfach keine Lust auf Spielchen«-Ausrede

Lieber Greg,

das ist doch total dämlich. Ich weiß, dass wir Frauen einen Mann nicht anrufen sollten, aber ich tue das die ganze Zeit, weil es mich nicht kümmert! Ich habe einfach keine Lust auf diese Spielchen. Ich tue, wonach mir der Sinn steht! Ich habe schon Millionen Male Männer angerufen. Du bist ein solcher Spießer, Greg. Wieso findest du, dass wir keine Männer anrufen und sie um eine Verabredung bitten dürfen?   Nikki

Liebe Nikki,

weil wir so etwas nicht gut finden. Okay, einige Männer finden es vielleicht gut, aber das sind die Faulpelze unter uns. Und wer will schon einen Faulpelz als Partner haben? So einfach ist das. Ich habe die Regeln nicht aufgestellt und stimme nicht einmal allen davon zu. Bitte sei nicht sauer auf mich, Nikki, ich plädiere ja nicht dafür, dass Frauen in die Steinzeit zurückkehren. Ich denke nur, ihr wollt vielleicht eine realistische Vorstellung davon bekommen, inwieweit ihr die ursprünglichen Verhaltensimpulse manipulieren könnt, die jedem menschlichen Verhalten zugrunde liegen.

Aber vielleicht bist du ja auch die Auserwählte.

Der Großteil der Männer jagt gern einer Frau nach, dabei interessiert es uns nicht, ob wir euch am Ende tatsächlich kriegen. Wenn wir Beute gemacht haben, fühlen wir uns großartig. Insbesondere, wenn die Jagd lang und anstrengend war. Wir wissen, dass es einst eine sexuelle Revolution gab (wir lieben sie sogar). Wir wissen, dass Frauen in der Lage sind, ein Land zu regieren, multinationale Konzerne zu führen und liebevoll Kinder großzuziehen – manchmal sogar alles gleichzeitig. Das ändert aber nichts am Verhalten eines Mannes.

In Wahrheit ist das ganz einfach

Stellt euch vor, wie ich in diesem Moment aufgeregt auf der Stelle hüpfe und die Faust in die Luft recke. Wie ich vor euch auf die Knie falle. Wie ich euch anflehe, laut und deutlich: »Bitte, wenn es eines gibt, dem ihr in diesem Buch glauben könnt, dann diesem hier: *Nehmt uns Männer, wie wir sind, und nicht so, wie ihr uns gerne hättet.*« Ich weiß, dass diese

Theorie einen auf die Palme bringen kann – dass wir Männer gern jagen, und ihr Frauen euch von uns jagen lassen müsst. Ich weiß es, glaubt mir. Es ist eine Beleidigung. Eine Demütigung. Frustrierend. Aber leider ist es die Wahrheit. In neun von zehn Fällen steht der Kerl einfach nicht auf euch, wenn ihr die treibende Kraft, der Aggressor in der Beziehung seid und ihn um eine Verabredung bitten müsst. Das ist meine feste Überzeugung. (Und wir wollen, dass ihr glaubt, ihr seid eine von diesen neun und nicht die zehnte, Ladys!) Ich kann es gar nicht deutlich genug sagen: Ihr, die Schlaufüchse, die dieses Buch lest, seid es wert, um ein Rendezvous gebeten zu werden.

Warum ist dieser Punkt nur so schwierig?
von Liz

Tja, das liegt wohl auf der Hand. Willst du uns damit sagen, dass wir herumsitzen und einfach warten sollen? Ich weiß ja nicht, wie du das siehst, aber ich finde das absolut nervtötend. Ich bin in dem Glauben erzogen worden, dass harte Arbeit und gründliche Planung der Schlüssel dazu sind, seine Träume wahr werden zu lassen. Ich habe mein ganzes bisheriges Leben damit zugebracht, meine Ziele aus eigener Kraft Realität werden zu lassen. Ich habe eine Menge für meine Karriere getan, habe hart gearbeitet und sie nach Kräften vorangetrieben. Ich habe Leute angerufen, Verabredungen getroffen, um Gefallen gebeten. Ich habe die Initiative ergriffen. Und jetzt kommt Greg und will, dass wir absolut gar nichts tun. Die Männer sollen ihre Wahl treffen, während wir uns ein hübsches Kleid anziehen, uns frisieren, mit den Wimpern klimpern und darauf hoffen, dass er uns auswählt. Warum nicht gleich mein Korsett so eng schnüren, dass ich vor einem Mann in Ohnmacht falle, damit er mich von der Straße ziehen kann, bevor ich von einer Kutsche überrollt werde? Damit würde ich doch seine Aufmerksamkeit bestimmt erregen, oder?

Ganz ehrlich, in Zeiten wie diesen ist es für viele Frauen, besonders aber für mich, unglaublich schwer, ganz einfach nichts zu tun. Wir schmieden nun mal gern Pläne, rufen andere Leute an, haben eine klare Vorstellung davon, wie es laufen soll. Und ich rede von ganz anderen Aufgaben, als mich darum zu kümmern, dass mein Haar nicht kraus aussieht. Vermutlich gibt es im Leben der meisten Single-Frauen nicht jeden Abend einen anderen Mann, der sich ihnen vor die Füße wirft. Manchmal gibt es auch längere Phasen, in denen man von niemandem um ein Rendezvous gebeten wird. Wenn wir also einen Mann kennen lernen, mit dem wir uns eine Romanze vorstellen können, fällt es uns umso schwerer, uns zurückzuhalten. Schließlich kann es sein, dass eine solche Gelegenheit so schnell nicht wiederkommt.

Aber soll ich euch etwas verraten, Mädels? Über meine Vorgehensweise? Sie ist ein Flop. Sie hat voll versagt. Ich hatte noch nie eine erfolgreiche Beziehung mit einem Mann, den ich aufgegabelt habe. Ich bin sicher, es gibt zahlreiche Fälle, in denen das Gegenteil der Fall ist, aber bei mir endet es grundsätzlich damit, dass diese Typen entweder zu ihrer Exfreundin zurückkehren, Zeit für sich selbst brauchen oder aus beruflichen Gründen in eine andere Stadt ziehen. Normalerweise kommt es nicht einmal so weit, denn meistens rufen sie gar nicht erst zurück. Und eines kann ich euch versichern: Ich hatte keine Sekunde das Gefühl, die Kontrolle über alles zu haben.

Seit ich Gregs superpraktische »Er steht einfach nicht auf dich«-Theorie für mich adoptiert habe, habe ich das Gefühl, als hätte ich die Dinge wesentlich besser im Griff. Denn wenn die Männer uns um ein Rendezvous bitten, müssen sie zuerst unsere Aufmerksamkeit auf sich ziehen, auf diese Weise ist man tatsächlich diejenige, die die Kontrolle über die Situation hat. Es besteht keinerlei Notwendigkeit, sich Strategien einfallen zu lassen. Außerdem fühlt es sich toll an, wenn die einzige Aufgabe darin besteht, sich einfach seines Lebens zu erfreuen, mit sich selbst im Reinen zu sein und ein erfülltes und ereignisreiches Leben zu führen. Auf diese Weise hat man nie mehr das Gefühl, herumzusitzen und zu warten, bis einen irgendein Mann um eine Verabredung bittet. Und, was das Wichtigste daran ist, es tut uns allen gut, uns vor Augen zu halten, dass wir keine Strategien entwickeln, irgendwelche abenteuerlichen Mittel und Wege ersinnen und darum betteln müssen, von einem Mann eingeladen zu werden. Wir sind fantastisch.

So macht man das
von Greg

Eines Abends saß ich in einer Bar und flirtete mit der Barkeeperin. Ich bat sie um ihre Telefonnummer, aber sie sagte: »Ich gebe meine Telefonnummer nicht her, weil die Typen so gut wie nie anrufen, wenn sie behaupten, sie melden sich. Ich heiße Lindsey Adams, und wenn du mich anrufen willst, musst du meine Nummer eben herausfinden.« Was ich auch tat – gleich am nächsten Tag. Habt ihr eine Ahnung, wie viele Lindsey Adams es in dem Telefonbuch einer Großstadt gibt? Sagen wir, ich hatte acht oder neun Namensschwestern an der Strippe, bis ich die Richtige aufgestöbert hatte.

Ein Schauspieler aus unserer Crew hat während eines PR-Termins auf einem Flugzeugträger ein Mädchen kennen gelernt. Nach etwa zehn Minuten verlor er sie aus den Augen, aber weil er so hingerissen von ihr war, gelang es ihm, sie in der Armee ausfindig zu machen, und heute sind die beiden verheiratet.

Ich hab's, Greg
von Leslie, 29

Greg, ich hab's! Ich war bei dieser Party, wo ich einen Mann kennen gelernt habe. Im Handumdrehen saßen wir allein in einer Ecke und unterhielten uns. Er wollte wissen, ob ich Single bin, und schien sich zu freuen, als ich bejahte. Wann immer wir uns trennten, um mit anderen Gästen zu reden oder etwas zu trinken zu holen oder so, behielt er mich im Auge. Es war echt cool. Ich war schrecklich aufgeregt und völlig aus dem Häuschen, nach dem Motto »Oh, Mann, ich glaube, ich habe gerade einen echt tollen Typen kennen gelernt!« Er hat mich nicht nach meiner Nummer gefragt, aber wir haben eine Menge gemeinsame Bekannte, deshalb dachte ich, er geht es eben langsam an. Aber er hat mich kein einziges Mal angerufen. Normalerweise hätte ich unsere gemeinsamen Freunde abgeklappert und versucht, Erkundigungen einzuziehen und herauszufinden, was passiert ist. Oder ich hätte mir sonst eine Möglichkeit einfallen lassen, ihn wiederzusehen. Stattdessen lasse ich mich nicht aus dem Konzept bringen und lebe mein Leben weiter. Wen interessiert es, was für ein Problem er hat? Er hat mich nicht um eine Verabredung gebeten, weshalb sollte ich also anfangen, mich wegen ihm verrückt zu machen? Heute Abend gehe ich aus und lerne eben jemand anderen kennen.

FALLS IHR GREG NICHT GLAUBT

Im Rahmen einer völlig unwissenschaftlichen Studie haben wir zwanzig unserer männlichen Freunde im Alter zwischen 26 und 45 Jahren befragt, die allesamt in einer festen, langjährigen Beziehung leben. Bei keinem von ihnen hat die Beziehung damit angefangen, dass die Frau als Erste um eine Verabredung gebeten hat. Hätte sie es getan, »hätte sie damit den ganzen Spaß verdorben«, meinte sogar einer von ihnen.

Was ihr aus diesem Kapitel gelernt haben solltet

▶ Eine Ausrede ist eine höfliche Art der Zurückweisung. Männer haben keine Angst, eine »Freundschaft zu zerstören«.

▶ Lass dich nicht mit einem Trick dazu bringen, ihn um ein Rendezvous zu bitten. Wenn er dich mag, fragt er dich schon.

▶ Wenn du in der Lage bist, ihn zu finden, schafft er das auch. Wenn er dich finden will, tut er es.

▶ Nur weil du gern führst, heißt das nicht, dass er gern tanzt. Manche Traditionen haben ihren Ursprung in der Natur und halten sich aus einem ganz bestimmten Grund so lange.

▶ »Hey, treffen wir uns doch bei der Party von Soundso/in irgendeiner Bar/bei einem Freund zu Hause« ist kein Rendezvous. Selbst wenn man in New York lebt.

▶ Männer vergessen nicht, wie gerne sie dich mögen. Also, leg endlich den Hörer auf.

▶ Du bist gut genug, um zu einem Rendezvous eingeladen zu werden.

Unser supertolles, wirklich hilfreiches Arbeitsheft

Hey, was ist ein Ratgeber ohne ein Arbeitsheft? Unsere Kapitel sind so aufschlussreich und klug, dass wir sicher sein wollen, dass ihr so viel wie möglich von unserem beeindruckenden Wissen abspeichert. Also, wer das Bedürfnis hat, seine Probleme loszuwerden – an die Stifte, fertig, los!

Alles Liebe

Greg und Liz

Erinnert ihr euch noch an die Grundschule, als man uns gesagt hat, wir sollen nichts in unsere Schulbücher schreiben? Vergesst das jetzt! Nehmt einen Stift zur Hand und schreibt fünf Gründe auf, warum ihr glaubt, jedes Recht oder einen guten Grund zu haben, ihn anzurufen.

1.

2.

3.

4.

5.

Als Nächstes legt ihr das Buch beiseite und wartet eine Stunde. Oder wenigstens zehn Minuten. Dann stellt ihr euch folgende Fragen: Höre ich mich jämmerlich an? Klinge ich wie jemand, der nicht darauf vertraut, von Geburt an eine ganz heiße Nummer zu sein? Ja, tust du! Und jetzt nimm den Finger von den Telefontasten, geh raus und amüsier dich!

P.S. Ihr habt gerade eine Übung zum Thema Mann gemacht, dem ihr nicht einmal die Energie eines Telefonanrufs wert seid. Warum um alles in der Welt solltet ihr hinter so jemandem her sein?

2
Er steht einfach nicht auf dich…
wenn er dich nicht anruft

Männer wissen durchaus,
wie man ein Telefon bedient.

Oh, klar, sie behaupten, sie wären beschäftigt. Sie behaupten, sie hätten im Lauf ihres irrsinnig arbeitsreichen Tages nicht mal eine Sekunde, um nach dem Hörer zu greifen. Völlig verrückt. Kompletter Blödsinn. Im Zeitalter des Mobiltelefons und des Speed Dialings ist es so gut wie unmöglich, jemanden *nicht* anzurufen. Manchmal rufe ich Leute sogar aus der Hosentasche an, obwohl ich es gar nicht will. Wir versuchen vielleicht, euch das Gegenteil glauben zu machen, aber Männer sind gar nicht so anders als Frauen. Wir gönnen uns gern mal eine Pause von unserem nüchternen Arbeitsalltag, um mit jemandem zu reden, den wir mögen. So etwas macht uns glücklich. Und wir sind gern glücklich. Genauso wie ihr. Würde ich auf euch stehen, wärt ihr das Highlight meines entsetzlich arbeitsreichen Tages. Und zwar eines Tages, an dem ich nie im Leben zu beschäftigt wäre, um euch anzurufen.

Die »Aber er ist so oft beruflich auf Reisen«-Ausrede

Lieber Greg,

seit einiger Zeit treffe ich mich regelmäßig mit einem sehr netten Mann. Er ist zärtlich, sehr liebevoll und aufmerksam. Seit kurzem führen wir wegen seines Jobs eine Fernbeziehung. Das Problem ist, dass er mich nicht anruft, wenn er sagt, er tut es. Ehrlich gesagt, ruft er mich überhaupt nur selten an. Manchmal vergeht eine ganze Woche, und wenn ich mich bei ihm melde, dauert es wieder vier oder gar fünf Tage, bis er zurückruft. Aber wenn er an der Strippe ist, geht es die ganze Zeit nur »Schatz hier« und »Liebling dort«, »Ich vermisse dich so« und »Wann sehen wir uns endlich wieder?«. Steht er nicht auf mich, oder liegt es an dieser verrückten Fernbeziehungsgeschichte?

Gina

Hey, Miss verrückte Fernbeziehungsgeschichte,

die einzige Entfernung, die mir Sorgen bereitet, ist die zwischen dir und der Realität. (Okay, das war vielleicht ein bisschen gemein.) Ein Beispiel? Gleich im zweiten Satz schreibst du »Er ist zärtlich, sehr liebevoll und aufmerksam«. Wenige Zeilen darunter steht »Er ruft mich nicht an, wenn er sagt, er tut es. Ehrlich gesagt, ruft er mich überhaupt nur selten an«. Das ist weder liebevoll noch aufmerksam. Es ist nicht zärtlich, sondern ziemlich harsch, und es bedeutet: »Ich stehe einfach nicht auf dich.« Du willst wissen, warum er so nett ist, wenn er sich am Ende doch meldet? Weil Männer Feiglinge sind und lieber bis zum Sankt Nimmerleinstag warten würden, als dir irgendetwas Unerfreuliches zu sagen. Fürs Protokoll: Ein Mann, der dich mag, will auch seine Zeit mit dir verbringen. Und er wird sich nur damit begnügen, fünfmal am Tag mit dir am Telefon zu reden, wenn er nicht ins nächste Flugzeug springen und zu dir fliegen kann.

Lasst euch nicht von Gesülze wie »Schatz« und »Liebling« einlullen. Diese Worte sagen sich viel leichter als »Ich stehe einfach nicht auf dich«. Denkt daran: Taten sprechen eine deutlichere Sprache als »Ich bin gerade in einem Funkloch«.

Die »Aber er hat doch so viel um die Ohren«-Ausrede

Lieber Greg,

am Neujahrstag kam der Mann, mit dem ich einige Male ausgegangen bin und den ich wirklich toll fand, zu spät zu unserer Verabredung. Nach einer Weile rief ich ihn an. Er meinte, er musste die Stadt verlassen, um sich um seine

Mutter zu kümmern. Er hat komplett vergessen, mich anzurufen. Ich bin völlig durcheinander. Seine Mutter ist tatsächlich krank, aber es war kein Notfall. Er musste nur nach Connecticut fahren. Greg, ich mag diesen Mann wirklich. Bitte sag mir, dass eine kranke Mutter Ausrede genug ist, um ihm zu verzeihen und zu glauben, dass er doch noch auf mich steht.   Bobbie

Liebe Miss Neujahr,

ah, ja, eine lausige Ausrede im »Kranke Mutter«-Gewand, weil er dir mit seinem Verhalten in Wahrheit nur eines sagt: »Ich denke nicht an dich.« Denn würde er an dich denken, hätte er dich angerufen und dir unter größtem Bedauern erklärt, er könne den Tag nicht mit dir verbringen. Wenn er die Zeit hatte, seine Sachen zu packen und wegzufahren, hätte er auch Zeit gehabt, sich bei dir zu melden. Aber er hat beschlossen, es nicht zu tun. (Du bezeichnest es als »vergessen«, ich als »beschlossen, es nicht zu tun«.) Wenn man jemanden mag, vergisst man denjenigen nicht einfach so. Ganz besonders nicht am Neujahrstag. Ich weiß, dass es so aussieht, als hätte er eine gute Entschuldigung geliefert, aber leider muss ich dir sagen, dass dein neues Jahr mit einem großen Schluck aus dem »Er steht einfach nicht auf mich«-Glas angefangen hat. Und jetzt pfleg deinen Kater und such dir jemanden, der nicht vergisst, dich anzurufen.

»Ist es okay, dass er vergisst, mich anzurufen?« So lautet die große Frage in diesem Zusammenhang. Ich sage »Nein«. So schlimm die Katastrophe auch sein mag – jemand musste dringend ins Krankenhaus gebracht werden, man hat ihm seinen Job gekündigt, jemand hat mit dem Schlüssel einen fetten Kratzer in seinen Ferrari gemacht (war nur ein Witz) –, er sollte niemals vergessen, dich anzurufen. Wenn ich eine Frau mag, vergesse ich sie nicht. Keine Sekunde lang. *Wollt ihr nicht lieber einen Mann, der alle anderen Dinge in seinem Leben vergisst, bevor er euch vergisst?*

Die »Er sagt eben Dinge, die er dann doch nicht so meint«-Ausrede

Lieber Greg,

ich treffe mich regelmäßig mit einem Mann, der am Ende unserer Verabredung immer verspricht, mich zu einem bestimmten Zeitpunkt anzurufen, wie zum Beispiel »Ich melde mich übers Wochenende« oder »Ich rufe dich morgen an«. Oder »Ich rufe dich in ein paar Minuten zurück«, wenn er ein Gespräch auf der anderen Leitung bekommt. Aber dann tut er es nicht. Er meldet sich zwar immer irgendwann, aber praktisch nie zum versprochenen Zeitpunkt. Soll mir dieses Verhalten etwas sagen, oder soll ich seinen Versprechungen am Ende unserer Telefonate einfach keine Beachtung mehr schenken?   Annie

Liebe Miss Warteschleife,

ja, dieses Verhalten sollte dir etwas sagen. Und zwar, dass er einfach nicht auf dich steht, um genau zu sein. Die Sache ist die: Die meisten Männer sagen am Ende eines Telefonats oder einer Verabredung lieber das, wovon sie glauben, dass Frauen es hören wollen, als gar nichts. Manche Männer lügen, andere meinen, was sie sagen. So kannst du den Unterschied feststellen: *Man weiß, dass sie ihre Worte ernst meinen, wenn sie auch tun, was sie versprochen haben!* Und hier ist noch ein Punkt, über den du nachdenken solltest: Zum verabredeten Zeitpunkt anrufen ist der allererste Ziegelstein des Fundaments für das Haus namens Liebe und Vertrauen. Wenn er schon nicht in der Lage ist, diesen einen läppischen Stein dort hinzulegen, wo er hingehört, wird es dieses Haus niemals geben, Baby. Und draußen ist es kalt und ungemütlich.

Wir sind zu einem reichlich schlampigen, unzuverlässigen Haufen verkommen. Wir sagen Dinge, die wir nicht meinen, und machen Versprechungen, die wir am Ende nicht halten. »Ich ruf dich an« oder »Lass uns etwas unternehmen« – obwohl wir wissen, dass es nie so weit kommen wird. Der Kurs unserer Worte an der »Börse der Menschlichen Kommunikation« hat eine dramatische Talfahrt angetreten. Und der Wert fällt immer weiter, weil wir mittlerweile nicht einmal mehr davon ausgehen, dass andere Menschen Wort halten. In Wahrheit ist es uns doch fast peinlich, mit dem Finger auf die dreckigen

Lügner zu zeigen, die nie tun, was sie versprochen haben. Wenn also der Mann, mit dem ihr zusammen seid, nicht zum vereinbarten Zeitpunkt anruft, warum sollte das etwas Besonderes sein? Weil ihr mit einem Mann zusammen sein solltet, der zumindest so zuverlässig ist wie sein Wort.

Die »Vielleicht sind wir eben zu verschieden«-Ausrede

Lieber Greg,

ich wohne mit meinem Freund zusammen, der nicht gern telefoniert. Wenn er verreist, ruft er mich nie an, nicht einmal, um mich wissen zu lassen, dass er gut angekommen ist. Er meldet sich einfach nicht. Er ist beruflich ziemlich oft unterwegs, und wir streiten uns häufig über diesen Punkt. Manchmal glaube ich, dass wir einfach zu verschieden sind und ich lernen muss, Kompromisse zu schließen. Andererseits sage ich mir, wenn man wirklich auf jemanden steht, will man den anderen doch bestimmt anrufen und mit ihm reden, wenn man schon getrennt sein muss. Bin ich verrückt?   Rachel

Liebe Miss Völlig Normal,

sein Benehmen ist absolut ungerechtfertigt, es sei denn, du bist mit einem Spion liiert. Ich bin selber oft beruflich unterwegs und rufe meine Frau drei- bis viermal am Tag an, auch wenn wir manchmal wegen des Zeitunterschieds nicht miteinander sprechen können. Aber ich rufe sie an, und sie ruft mich an, und wir hinterlassen uns gegenseitig Nachrichten auf dem Band. Ich muss zugeben, dass ich mir natürlich nicht gern sagen lasse, dass ich anrufen soll, was meine Frau aber niemals tut. Und genau das ist der Grund, weshalb ich sie so oft anrufe, wie ich kann. Wir haben keine Telefonregeln, aber wir mögen und lieben uns in einem Ausmaß, dass wir täglich, wenn nicht sogar stündlich miteinander reden wollen. Ich bin der Meinung, dass Freiraum einer Beziehung sehr gut tut, und dass es ein Zeichen einer gesunden, intakten Partnerschaft ist, wenn man sich gegenseitig vermisst. Dein Bedürfnis nach irgendeiner Art von Kommunikation, während er sich auf Reisen befindet, nicht zu respektieren, ist hingegen kein gutes Zeichen. Trotz seiner Aversion gegen Telefongespräche sollten sein Respekt und seine Zuneigung für dich groß genug sein, um dich anzurufen, und wenn es nur dem Zweck dient, dass er dich damit glücklich macht.

Ja, es scheint, als wäre es lediglich ein Apparat, der Schallwellen über Metalldrähte transportiert und in verschiedenen Ausführungen erhältlich ist, wie zum Beispiel kabellos, mobil, mit Tasten oder Wählscheibe, aber Tatsache ist, dass das Telefon offiziell eine neue Vormachtstellung im Beziehungssymbolismus erlangt hat. Ist ein Anruf nur ein Anruf oder bereits der unumstößliche Beweis dafür, welche Bedeutung man für einen anderen Menschen tatsächlich hat? Wahrscheinlich liegt die Wahrheit irgendwo dazwischen. Ein guter Mann wird das wissen und seine fernmündlichen Hilfsmittel entsprechend einsetzen. E-Mails sind in diesem Zusammenhang übrigens unerwünscht.

Die »Aber er ist doch so wichtig«-Ausrede

Lieber Greg,

du bist echt blöd. Ein Mann, mit dem ich ausgehe (den ich übrigens um eine Verabredung gebeten habe), ist wahnsinnig wichtig und wahnsinnig beschäftigt. Er ist Regisseur von Musikvideos, reist viel und trägt sehr, sehr viel Verantwortung. Wenn er arbeitet, höre ich manchmal tagelang nichts von ihm. Er ist echt beschäftigt, Greg! Manche Männer haben nun mal tierisch viel zu tun! Gab es bei dir noch nie Tage, an denen du bis über beide Ohren in Arbeit gesteckt hast? Ich habe gelernt, damit zu leben und ihm nicht die Hölle deswegen heiß zu machen, weil ich weiß, dass das der Preis dafür ist, mit jemand wirklich Wichtigem, Angesagtem und Beschäftigtem zusammen zu sein. Warum rätst du all diesen Frauen, einen auf bedürftig zu machen? Nikki

Liebe Nikki,

wie schön, wieder mal von dir zu hören. Na ja, eigentlich nicht. Hör mal, wahnsinnig wichtig zu sein ist nur eine andere Art, jemandem »Ich stehe nicht auf dich« zu sagen. Wahnsinnig wichtig zu sein ist nur eine andere Art, jemandem zu verklickern, dass »du mir nicht wichtig bist«. Wie toll, dass du jemanden aufgegabelt hast, von dem selbst du glaubst, er spiele in einer anderen Liga als du. Zu beschäftigt und zu wichtig, um dich um ein Rendezvous zu bitten oder dich anzurufen – was für ein Volltreffer! Herzlichen Glückwunsch zu deiner Quasi-Beziehung. Es muss sich wirklich irre anfühlen zu wissen, dass du im Handyverzeichnis dieses superangesagten und superbeschäftigten Typen stehst, auch wenn er es nie benutzt, um dich anzurufen. Bestimmt beneidet dich jede Frau, mit der er tatsächlich ausgeht, glühend darum.

Ich werde jetzt eine echt wilde, extreme und überaus ernste Beziehungsregel aufstellen: Das Wort »beschäftigt« ist absoluter Blödsinn, der sich vorwiegend im Wortschatz von Arschlöchern findet. Das Wort »beschäftigt« ist die Beziehungsmassenvernichtungswaffe Nummer 1. Auf den ersten Blick wirkt sie wie eine plausible Entschuldigung, aber in Wahrheit wirst du unter jeder versteckten Abschussrampe, die du findest, lediglich auf einen Mann stoßen, dem du nicht genug bedeutest, als dass er dich anrufen würde. Vergesst nicht, Mädels: Männer sind nie zu beschäftigt, sich das zu holen, was sie haben wollen.

In Wahrheit ist es so einfach

Leider kann ich nicht die ganze Zeit in eurer Nähe sein, Ladys, und all die miesen Ausreden und damit auch all die miesen Kerle abschmettern, die euch über den Weg laufen. Aber ich kann eines für euch tun: ein Bild heraufbeschwören, das ihr niemals zu sehen bekommen werdet, wenn ihr mit einem Mann zusammen seid, der ernsthaft auf euch steht. Mit so einem Mann werdet ihr euch nie selber sehen, wie ihr wie gebannt vor dem Telefon sitzt und versucht, es zum Klingeln zu bewegen. Ihr werdet nie sehen, wie ihr einen Abend mit guten Freunden ruiniert, nur weil ihr alle fünfzehn Sekunden euren Anrufbeantworter per Fernabfrage abhören müsst. Ihr werdet nie erleben, dass ihr euch selbst hasst, weil ihr ihn angerufen habt, obwohl ihr es nicht hättet tun sollen. Stattdessen werdet ihr es nicht nötig haben, mit dem Telefon herumzukaspern – weil ihr viel zu sehr damit beschäftigt seid, vergöttert zu werden.

Warum ist dieser Punkt nur so schwierig?
von Liz

Wir sind klug. Wir kapieren es. Wir wissen, dass Männer aufmerksam, rücksichtsvoll und freundlich sein sollten. Ich meine, Herrgott noch mal, wir sind schließlich keine kompletten *Idiotinnen*! Wir alle wissen, dass sie uns anrufen sollten, wenn sie es versprochen haben, und uns sagen sollten, dass sie an uns denken. Mann!

Aber immer wenn ich gerade sicher bin, dass ich mir diese Lektion endgültig in meinen Dickschädel eingehämmert habe, laufe ich genau dem Typen über den Weg, der mir eine perfekte Ausrede dafür serviert, dass er sich wie ein Blödmann aufführt. Seine Familie zerbricht *wirklich*, und er ist derjenige, der sich um sämtliche Mitglieder kümmern muss. Er zieht *wirklich* um, und er hatte ja keine Ahnung, wie kompliziert sich all das gestalten würde. Er hat *wirklich* gerade einen enorm wichtigen Fall auf dem Tisch und nicht so viel Zeit, aber er mag mich trotzdem – ganz, ganz ehrlich. Und ich mag ihn auch so sehr, verdammt noch mal, dass ich bereit bin, Geduld zu üben, einen Gang zurückzuschalten und abzuwarten, wie sich das Ganze weiterentwickelt. Rein intellektuell weiß ich, was mich in einer solchen Beziehung erwartet. Ich schreibe sogar ein Buch darüber, verflixt. Aber bei der Aussicht darauf, noch weniger zu bekommen als das (manchmal sogar erheblich weniger), ist es schwer, genau zu wissen, wann man es gut sein lassen und seiner Wege gehen sollte. Er vergisst an einem Abend, mich anzurufen – soll ich ihn jetzt deswegen in die Wüste schicken? Er vergisst dreimal nacheinander, mich anzurufen – ist das der Zeitpunkt, an dem ich ihn abservieren sollte? Es ist nicht leicht, jemanden zu finden, den man mag und aufregend findet. Und man möchte eben glauben, dass die Männer, die man kennen lernt, ehrlich und nett sind und nur die besten Absichten haben. Wenn man den ersten Anflug von schlechtem Benehmen entdeckt, hofft man zuerst noch inbrünstig, dass es nicht das ist, wonach es aussieht. Man will sicher sein, dass man nicht überreagiert und ihn ungerechterweise für die Fehler seiner Vorgänger bluten lässt. Die Welt, in der wir leben und in der wir einen Partner finden wollen, ist ziemlich kompliziert und trickreich, schließlich kann ich auch nicht ständig Greg anrufen und ihn fragen, was ich tun soll.

Im Moment versuche ich erst mal zu lernen, wie ich merke, wann das Verhalten eines Mannes anfängt, sich auf meine Stimmung niederzuschlagen – wann ich das Gefühl bekomme, wegen ihm zu leiden. Darf man einen Anflug von Enttäuschung verspüren, weil er nicht zum versprochenen Zeitpunkt angerufen hat? Klar, das ist völlig okay. In diesem Fall muss man eben sehen, wie es weiterhin läuft. Ein ständiges Unbehagen, weil er absolut unzuverlässig ist? Das ist übel. Tränen? Ganz übel. Jemanden kennen zu lernen und regelmäßig mit ihm auszugehen ist etwas, das die Laune heben und nicht verschlechtern sollte. Das ist grundsätzlich eine gute Regel, an die man sich halten sollte, wie auch immer die Begleitumstände (sprich, Ausreden) sein mögen. Es ist nicht leicht. Aber wir sollten zumindest im Hinterkopf behalten, dass der nächste unglaublich tolle Typ mit einer plausibel klingenden Ausrede nur ein weiterer Typ ist, der unsere Gefühle verletzt.

So macht man das
von Liz

Als ich mit Greg in New York an diesem Buch gearbeitet habe, ist mir aufgefallen, dass er seine Frau häufig nur angerufen hat, um ihr zu sagen, dass er im Moment zwar nicht länger mit ihr sprechen könne, aber an sie denke und sich später noch einmal bei ihr melde. Es sah nicht so aus, als koste es ihn wahnsinnig große Mühe, aber ich fand es unheimlich lieb.

Ich hab's, Greg
von Traci, 25

Greg, ich hab's kapiert! Ich hatte zwei Verabredungen mit einem Mann. Bei der zweiten sind wir im Bett gelandet. Er hat versprochen, mich am nächsten Tag (einem Dienstag) anzurufen, hat sich dann aber erst am Wochenende gemeldet. Als er anrief, meinte ich, jetzt sei es zu spät. Er war völlig verdattert, aber, ehrlich, ich habe keine Zeit für diesen Quatsch. Das war das erste Mal, dass ich so etwas getan habe, und es hat sich einfach toll angefühlt!

FALLS IHR GREG NICHT GLAUBT

100 % der befragten Männer gaben an, niemals zu beschäftigt zu sein, um eine Frau anzurufen, auf die sie wirklich stehen. Ein ganz besonders vorbildliches Exemplar meinte: »Ein Mann muss schließlich Prioritäten setzen!«

Was ihr aus diesem Kapitel gelernt haben solltet

▶ Wenn er nicht anruft, liegt das daran, dass er nicht an dich denkt.

▶ Wenn er Erwartungen weckt und schon bei den geringsten Kleinigkeiten versagt, ist es bei wichtigen Dingen auch nicht anders. Sei dir darüber im Klaren, dass es ihm nichts ausmacht, dich zu enttäuschen.

▶ Du solltest nicht mit jemandem zusammen sein, der nicht tut, was er verspricht.

▶ Wenn er beschließt, sich nicht die Mühe zu machen und etwas zu tun, das dir ein gutes Gefühl gibt und einem ständig wiederkehrenden Streitpunkt ein Ende bereitet, respektiert er deine Gefühle und Bedürfnisse nicht.

▶ »Beschäftigt« ist ein Synonym für »Arschloch«. Und »Arschloch« ist das Synonym für den Mann, mit dem du im Moment zusammen bist.

▶ Du verdienst es, angerufen zu werden, verdammt noch mal!

Unser supertolles,
wirklich hilfreiches Arbeitsheft

Wir alle lieben Multiple-Choice-Psycho-Tests. Hier ist einer, der euch allen hoffentlich leichtfällt.

Ein Mann, mit dem du einmal ausgegangen und anschließend im Bett gelandet bist, hat sich seit zwei Wochen nicht mehr gemeldet. Was tust du?

a.) Du gelangst zu dem Schluss, dass er sehr beschäftigt ist, deine Telefonnummer verloren und einen Gehirnschlag erlitten hat, mit der Folge, dass er nun unter Gedächtnisverlust leidet, und du ihn anrufen solltest.

b.) Du kündigst deinen Job, bleibst zu Hause, rufst die Telefongesellschaft an, um sicherzugehen, dass dein Apparat funktioniert, und wartest auf seinen Anruf.

c.) Du erkennst, dass er einfach nicht auf dich steht, und führst dein Leben wie gewohnt weiter.

Sehr gut. Du hast c. gewählt. Wir wussten, dass es ganz einfach ist. Aber ist es nicht ein tolles Gefühl, die richtige Entscheidung zu treffen?

3
Er steht einfach nicht auf dich…
wenn er dich nicht um ein Rendezvous bittet

»Zusammen abhängen« ist kein Rendezvous.

Oh, auf den ersten Blick sieht es aus, als gäbe es jede Menge Rendezvous-Varianten, besonders im Anfangsstadium einer neuen Beziehung. So viele nebulöse Schwaden vager Vermutungen und der Ungewissheit und keine lästigen Fragen. Männer lieben diese Phase, denn in dieser Zeit können sie so tun, als wären sie nicht ernsthaft mit euch Mädels verbandelt. Sie können vorgeben, nicht für eure Gefühle verantwortlich zu sein. Lädt man aber jemanden zu einem Rendezvous ein, ist das Ganze offiziell: Ich möchte mich gern allein mit dir treffen, um herauszufinden, ob es eine gemeinsame Zukunft als Paar für uns gibt (oder zumindest so tun, als würde ich dir zuhören, während ich darüber nachdenke, ob du einen String-Tanga trägst). Falls ihr noch weitere Hinweise braucht: Normalerweise handelt es sich hierbei um ein Zusammentreffen an einem öffentlichen Ort und ein gemeinsames Essen. Inklusive Händchen halten.

Die »Er hat gerade eine Beziehung hinter sich«-Ausrede

Lieber Greg,

ich bin wirklich, wirklich über beide Ohren verliebt. Das möchte ich vorausschicken. Ich habe mit einem wirklich, wirklich engen Freund von mir geschlafen, der kürzlich eine sehr schlimme Ehe hinter sich gebracht hat. Da er im Moment eine traumatische Trennungsphase durchlebt, hat er mir unmissverständlich klargemacht, dass er nicht mit irgendwelchen Verpflichtungen oder Erwartungen belastet werden will. Im Grunde will er kommen und gehen, wie es ihm gerade passt. Das Ganze geht jetzt seit etwa sechs Monaten so. Es ist sehr schmerzlich, keinerlei Einfluss darauf zu haben, wann und wie oft ich ihn wiedersehe. Aber der Gedanke, nicht mit ihm zusammen sein zu können, ist ebenso schmerzlich. Ich mag es nicht, so hilflos in dieser Situation festzustecken, aber ich habe das Gefühl, wenn ich durchhalte, werde ich ihn irgendwann ganz für mich gewinnen. Aber in der Zwischenzeit ist es sehr schwer für mich. Was soll ich tun?

Lisa

Liebe Miss Wirklich, Wirklich,

reden wir zuerst einmal über deinen wirklich, wirklich guten Freund und deine wirklich, wirklich enge Freundschaft mit ihm. Natürlich läuft es für ihn ganz hervorragend, denn da du während seiner katastrophalen Ehe seine gute Freundin warst, wird er dir gegenüber immer die Freundschaftskarte ausspielen können. Er trägt also nur die Verantwortung für deine Erwartungen an ihn als Freund statt für die erheblich höheren, die du an ihn als Partner hast. Schließlich würdest du ihn als »gute Freundin« doch nicht in ein noch größeres emotionales Chaos stürzen, wo er doch gerade in dieser »traumatischen Trennungsphase« steckt. Er bekommt das volle Programm: eine tolle Freundin mit all den Vorzügen einer Partnerin, die er sehen kann, wann immer er Lust dazu hat. Oder eben auch nicht. Er mag einer deiner engsten Freunde sein, aber so ungern ich es auch sage – als Mann steht er einfach nicht auf dich.

Vorsicht mit dem Wort »Freund«! Dieser Begriff wird häufig von Männern oder jenen Frauen benutzt, die verliebt in sie sind, um das mieseste Benehmen zu entschuldigen. Ich persönlich bevorzuge jedenfalls Freunde, die mich nicht dazu bringen, mich abends wegen ihnen in den Schlaf zu weinen.

Die »Aber wir sind doch zusammen«-Ausrede

Lieber Greg,

ich treffe mich seit drei Monaten regelmäßig mit einem Mann. Normalerweise verbringen wir vier bis fünf Abende pro Woche zusammen. Wir besuchen Veranstaltungen, er ruft mich zum verabredeten Zeitpunkt an und benimmt sich mir gegenüber immer tadellos. Wir haben eine Menge Spaß zusammen. Neulich hat er mir erklärt, er wolle niemandes Partner sein und sei für eine ernsthafte Beziehung nicht bereit. Ich weiß aber, dass er sich mit keiner anderen Frau außer mir trifft. Ich denke, er hat nur Angst vor dem Begriff »Partner«. Greg, es heißt doch immer, Frauen sollen auf das achten, was Männer tun, nicht auf das, was sie sagen. Bedeutet das nicht, dass ich seine Aussage ignorieren und auf die Tatsache vertrauen soll, dass er seine gesamte Freizeit mit mir verbringen will, unabhängig davon, was er sagt, und dass er in Wahrheit eben doch auf mich steht? Keisha

Liebe Miss Mit Taubheit geschlagen,

ich habe im Beziehungswörterbuch unter »Ich will nicht dein Partner sein« nachgeschlagen, nur um sicherzugehen, dass ich mich nicht irre, aber ich hatte Recht. Es bedeutet nach wie vor »Ich will nicht dein Partner sein«, Wow. Und das aus dem Mund eines Mannes, der vier oder fünf Abende pro Woche mit dir verbringt. Das muss echt weh-tun. Schön zu wissen, dass dein Nicht-Partner ohne jede Verpflichtung Teil deines Lebens sein darf. Allerdings ist mir nicht ganz klar, was für dich dabei herausspringt. Wenn du all die Zeit einem Kerl schenken willst, der behauptet, nicht dein Partner zu sein, dann mach ruhig weiter so. Trotzdem hoffe ich, du machst dich wenigstens auf die Suche nach jemandem, der dir »Ich stehe nicht auf dich« nicht so direkt ins Gesicht sagt.

Männer wünschen sich ebenso wie Frauen ein Gefühl emotionaler Sicherheit, wenn eine Beziehung anfängt, ernst zu werden. Eine Möglichkeit, das zu bekommen, besteht darin, sich dazu zu bekennen. Sie wollen »Ich bin dein Freund«, »Ich wäre gern dein Freund« oder »Wenn du jemals mit diesem Kerl Schluss machst, der nicht dein Freund ist, dann wäre ich es gern« sagen. Ein Mann, der ernsthaft auf dich steht, will dich ganz für sich allein haben. Und wieso auch nicht, Superbraut?

Die »Besser als gar nichts«-Ausrede

Lieber Greg,

ich gehe seit einem halben Jahr regelmäßig mit einem Mann aus. Wir sehen uns etwa alle zwei Wochen. Wir amüsieren uns prächtig, haben Sex, und alles läuft prima. Wenn ich der Geschichte Zeit gebe, sich zu entwickeln, dann treffen wir uns bestimmt häufiger, dachte ich. Stattdessen bleibt es bei diesem Zweiwochen-Rhythmus. Ich mag ihn wirklich, deshalb denke ich immer noch, es ist besser als gar nichts. Und die Dinge können sich jederzeit ändern, man weiß ja nie. Mir ist klar, dass er sehr beschäftigt und dies vielleicht das Höchstmaß an Zeit ist, das er im Moment für eine Beziehung aufbringen kann. Also sollte ich mich vielleicht sogar geehrt fühlen, dass er überhaupt so viel Zeit mit mir verbringt. Es kann doch sein, dass er mich auch sehr mag. Oder?

Lydia

Liebe Miss Genügsamkeit,

ist das dein Ernst? Ist »besser als nichts« neuerdings das, was man anstreben sollte? Ich habe auf erheblich mehr als NICHTS gehofft. Oder vielleicht sogar auf ETWAS. Hast du noch alle Tassen im Schrank? Wieso solltest du dich für diese kläglichen Brocken seiner Zeit, die er dir hinwirft, auch noch geehrt fühlen? Nur weil er viel zu tun hat, macht ihn das noch lange nicht zu einem wertvolleren Menschen. »Beschäftigt« bedeutet nicht »besser«. In meinem Buch steht ein Mann, der es zwei Wochen ohne dich aushält, definitiv nicht auf dich.

Oh, wie schnell ihr alle doch vergesst, worum es in Wahrheit geht! Ich will es euch noch einmal vor Augen führen: Es geht um den Mann, der euch will, euch anruft, euch das Gefühl gibt, sexy und begehrenswert zu sein. Er will euch immer häufiger sehen, denn von Verabredung zu Verabredung wird seine Zuneigung für euch tiefer. Ich weiß es ganz einfach. Alle zwei Wochen oder einmal pro Monat, mein Gott. Mit jemandem auszugehen und ein wenig Liebe und Zuwendung zu bekommen, mag euch helfen, den nächsten Tag, die nächste Woche oder gar den nächsten Monat zu überstehen, aber hilft es euch auch über den Rest eures Lebens hinweg?

Die »Aber er ist doch so oft beruflich unterwegs«-Ausrede

Lieber Greg,

ich gehe seit einigen Monaten regelmäßig mit diesem Mann aus. Er ist beruflich oft unterwegs, deshalb lassen wir unsere Beziehung eher locker laufen. Aber wenn er in der Stadt ist, treffen wir uns regelmäßig. Doch wann immer ich den Mut aufbringe, ihn darauf anzusprechen, wo unsere Partnerschaft hinführen soll, muss er wieder weg. Ich komme mir blöd vor, mit ihm über solche Dinge reden zu wollen, wenn er quasi schon auf dem Sprung ist. Aber nach seiner Rückkehr komme ich mir genauso blöd vor, damit anzufangen, wenn wir uns doch einige

Zeit nicht gesehen haben. Es fällt mir schwer, dieses Thema zur Sprache zu bringen. Wir haben eine Menge Spaß zusammen, und das will ich nicht durch ein »Beziehungsgespräch« verderben.

Marissa

Liebe Zeitreisende,

ich verrate dir jetzt mal das kleine Geheimnis der Typen, die oft auf Reisen sind: Sie freuen sich darauf, bald wieder die Kurve zu kratzen. Sie mögen ihre Vielfliegermeilen und den damit verbundenen Fluchtweg. Es ist nicht leicht, ein Ziel zu treffen, das ständig in Bewegung ist. Man kann häufig unterwegs sein und trotzdem eine Beziehung führen, und man kann häufig unterwegs sein und ihr aus dem Weg gehen. Der Unterschied lässt sich am einfachsten dadurch erkennen, wenn er einem ständig auf die Nase bindet, wie beschäftigt er ist und dass er bald wieder wegmuss. Wenn er sich nicht ernsthaft darum bemüht, dass du während seiner Abwesenheit nicht jemand anderen findest, hast du wohl ein Ticket im Er-steht-nicht-auf-dich-Jet gebucht. Schnall dich schon mal an!

Ihr habt zweifellos jedes Recht zu erfahren, was sich zwischen euch und dem Kerl abspielt, mit dem ihr die Matratze teilt. Und je sicherer ihr euch seid, dass ihr das verdient (und noch viel mehr), umso besser gelingt es euch, die Fragen, die euch am Herzen liegen, in einer Art und Weise zu stellen, die sich nicht zu schwerwiegend und dramatisch anfühlt. Das kann ich euch garantieren.

In Wahrheit ist es so einfach

In dieser Sekunde, in der ihr das hier lest, legt einen feierlichen Schwur über eure künftigen Beziehungen ab: Keine nebulösen Gefilde, keine grauen Felder, keine Unklarheiten und keine unausgesprochenen Worte mehr. Seht zu, dass ihr jemanden so gut wie möglich kennen lernt, bevor ihr mit ihm in die Kiste springt.

Warum ist dieser Punkt nur so schwierig?
von Liz

Ich hasse es, über meine Gefühle sprechen zu müssen. Ich hasse es, über meine »Beziehung« sprechen zu müssen. Ich weiß, dass ich eine Frau bin und dass Frauen emotional sein sollen, aber ich bin es nun mal nicht. Ich kann es nicht ausstehen. Und ich habe noch viel weniger Lust, einen Mann zu fragen, wohin sich unsere Beziehung entwickelt oder wie er für mich empfindet. Iiiiihhh. Wenn es nach mir ginge, sollte das Ganze so natürlich und locker wie möglich ablaufen und auf der Hand liegen.

Wenn ich schon anfangen muss, nachzudenken, zu planen und mir alle möglichen Mittel und Wege zu überlegen, um herauszufinden, wie die Lage aussieht, sieht die Lage wahrscheinlich alles andere als gut aus. Scheiße.

Aber, Moment mal. Eine neue Beziehung einzugehen ist der blanke Horror. Wir alle sind inzwischen alt genug, um die leidvolle Erfahrung einer Trennung am eigenen Leib gemacht oder bei anderen mitbekommen zu haben. Denn wenn es einen Anfang für eine Beziehung gab, muss diese Partnerschaft – sofern wir uns heute noch auf der Suche nach dem Richtigen befinden – irgendwann wieder geendet haben. Und das Ende einer Beziehung nervt. Grundsätzlich.

Also versuchen die Menschen, Männer wie Frauen, sich alle möglichen Tricks und Ablenkungsmanöver einfallen zu lassen, um nicht bemerken zu müssen, dass sie sich möglicherweise auf dem besten Weg zu einer Beziehung befinden – ein durchaus schlauer und nachvollziehbarer Aspekt des menschlichen Naturells. Wen stört es also, wenn eine Beziehung am Anfang oder auch, nachdem sie sich schon ein Stück weit entwickelt hat, noch etwas vage bleibt? Wer will schon eines dieser durchgeknallten Mädchen sein, die auf den Punkt genau wissen müssen, was sich in der Sekunde abspielt, wenn sie einen Mann kennen lernen? Man will doch zu den Coolen gehören – zu den Mädchen, die es perfekt drauf haben, mit einem Mann durch die Gegend zu ziehen und nicht ständig Forderungen zu stellen. So wollte ich zumindest immer sein. So war ich auch immer.

Das Problem des coolen Mädchens ist, dass sie trotzdem immer noch verletzt wird. Sie reagiert trotz allem auf die Art und Weise, wie sie behandelt wird. Sie hofft, dass er anruft, fragt sich, wann sie ihn wieder sieht und ob er wohl auf sie steht. Ich hasse das.

Vielleicht liegt es an mir, weil sich meine Prioritäten mit zunehmendem Alter verändert haben. Aber inzwischen will ich nicht mehr »quasi mit jemandem ausgehen«. Ich will nicht mit einem Mann »abhängen«, will nicht Unmengen an Energie darauf verwenden, all meine Gefühle zu unterdrücken, um möglichst unbeteiligt zu wirken. Ich will eine Beziehung aktiv führen, will mit jemandem schlafen, von dem ich weiß, dass ich ihn auch wiedersehen werde, weil er mir bereits bewiesen hat, dass er vertrauenswürdig und aufrichtig ist – und dass er auf mich steht. Klar, am Anfang muss man ein bisschen vorsichtig sein, wie viel man von sich preisgibt. Aber diese Vorsicht sollte nicht dazu dienen, dass *sie* sich wohler fühlen. Stattdessen sollte man sie an den Tag legen, weil man sich darüber im Klaren ist, dass man ein zartes, wertvolles Geschöpf ist, das sich genau überlegt, wem es seine Zuneigung schenkt. Genau das tue ich inzwischen. Und eigentlich läuft es gar nicht mal so übel.

So macht man das
von Greg

Mein Freund Mike lernte meine Freundin Laura kennen. Nach der Feuerprobe fragte er sie, ob sie mit ihm ausgehen wolle, und heute sind die beiden verheiratet. Mein Freund Russell lernte ein Mädchen namens Amy kennen, bat sie um eine Verabredung und heiratete sie einige Zeit später. Mein Freund Jeff lernte ein Mädchen kennen, das in einer anderen Stadt wohnte. Er besuchte sie am darauf folgenden Wochenende und danach so oft, bis er schließlich zu ihr zog. *So einfach ist das. Und zwar fast immer.*

Ich hab's, Greg
von Corinna, 25

Ich ging ein paar Monate lang regelmäßig mit einem Mann aus, als mir dämmerte, dass er eigentlich nicht besonders verrückt nach mir ist. Früher hätte mich das veranlasst, mich mehr ins Zeug zu legen, Ausreden dafür zu finden und ihn sogar darauf anzusprechen. Stattdessen habe ich ein kleines Experiment mit ihm gemacht. In der Annahme, dass er nicht ernsthaft auf mich steht, habe ich aufgehört, ihn anzurufen. Wie vermutet, hat er sich nie wieder bei mir gemeldet! Ich kann nicht fassen, wie viel Zeit ich mir erspart habe, indem mir klar geworden ist, dass ich diejenige war, die all die Arbeit geleistet hat, und dass ich mehr wollte!

FALLS IHR GREG NICHT GLAUBT

100 % der befragten Männer gaben an, »Angst vor Intimität« habe sie nie davon abgehalten, sich auf eine Beziehung einzulassen. Einer sagte sogar: »Angst vor Intimität ist ein modernes Großstadtmärchen.« Ein anderer bemerkte: »So etwas sagt man doch nur, wenn man nicht auf eine Frau steht.«

Was ihr aus diesem Kapitel gelernt haben solltet

▶ Männer erzählen euch, wie sie empfinden, auch wenn ihr euch weigert, ihnen zuzuhören oder zu glauben. »Ich will keine feste Beziehung« bedeutet in Wahrheit »Ich will keine feste Beziehung mit dir« oder »Ich bin mir nicht sicher, ob du die Richtige für mich bist.« (Tut mir leid.)

▶ Besser als gar nichts ist nicht gut genug für dich!

▶ Wenn du nicht weißt, wo die Beziehung hinführt, ist es völlig in Ordnung, kurz innezuhalten und zu fragen.

▶ Unklar? Gar nicht gut.

▶ Irgendwo da draußen gibt es einen Mann, der aller Welt erzählen will, dass er dein fester Freund ist. Also, hör auf herumzukaspern und such ihn.

Unser supertolles,
wirklich hilfreiches Arbeitsheft

Für uns ist es ganz einfach, euch Ratschläge zu erteilen, und wenn wir ganz ehrlich sind, macht es einen Heidenspaß. Wir haben dabei sogar etwas über uns selbst gelernt. (Na ja, wenigstens Liz.) Warum versucht ihr es nicht auch mal? Es ist ein tolles Gefühl, besser Bescheid zu wissen als andere.

Liebe Käuferin dieses Buches (damit bist du gemeint), ich gehe seit ein paar Monaten regelmäßig mit einem Mann aus. Aber bisher war es noch nie ein offizielles Rendezvous. Ständig sagt er mir, wo wir uns treffen sollen, in irgendeiner Bar oder bei einem Freund zu Hause. Es sieht fast so aus, als wollte er nicht mit mir allein sein, es sei denn, wir haben Sex. Ich schlafe sehr gern mit ihm – kann ich also nicht einfach so weitermachen, bis er mich besser kennt und feststellt, dass er auf mich steht?

Antwort:

Wenn ihr diese Frage erfolgreich beantwortet habt (sprich, ihr habt dieser reizenden jungen Dame geraten, ihren nervigen Bar-Hocker abzuservieren und sich einen Mann zu suchen, der wenigstens eine Pizza springen lässt), könnt ihr euch sicher sein, dass euer Gehirn theoretisch weiß, wie man diese Art Problem löst. Ihr tragt dieses Wissen in euch und habt es wahrscheinlich schon immer in euch getragen. Es ist nur wesentlich einfacher, darauf zuzugreifen, wenn man nicht selbst betroffen ist. Da wir dieses Wissen nun in eurem Gedächtnis aktiviert haben, könnt ihr es auch für eure eigenen Zwecke einsetzen.

4
Er steht einfach nicht auf dich…
wenn er keinen Sex mit dir haben will

Wenn Männer einen mögen, wollen sie einen auch anfassen. Grundsätzlich.

Ladys, im Lauf eures Lebens als Frau auf dem Rendezvousmarkt habt ihr viele, viele Männer kennen gelernt und werdet auch noch einer ganzen Menge über den Weg laufen. Ich sage es euch nicht gern, aber einige davon werden sich schlicht und einfach nicht zu euch hingezogen fühlen. Ich weiß, dass ihr heiße Bräute seid, aber so ist es nun mal. (Sogar Cindy Crawford muss sich hin und wieder mit Typen herumschlagen, die behaupten, sie hätten »keine Ahnung, was an der dran sein soll«.) Kein Einziger von diesen Männern, der sich nicht zu euch hingezogen fühlt, wird es *jemals* offen zugeben. Oh nein! Sie sagen, sie wären … verängstigt, verletzt, müde, angeschlagen, krank, verängstigt (noch mal) und solche Dinge. Aber die Wahrheit ist einfach, brutal und glasklar: Er ist nicht scharf auf dich, will aber deine Gefühle nicht verletzen. Würde er auf dich stehen, fiele es ihm schwer, die Pfoten von dir zu lassen. Oh, das Ganze ist geradezu atemberaubend einfach! Versucht ein Mann nicht, dir an die Wäsche zu gehen, steht er eben nicht auf dich.

Die »Er hat Angst, noch einmal verletzt zu werden«-Ausrede

Lieber Greg,

vor zehn Jahren hatte ich einen Freund, dem ich neulich zufällig auf der Straße begegnet bin. Wir haben uns jahrelang nicht gesehen, aber mittlerweile gehen wir wieder regelmäßig miteinander aus, obwohl nicht ganz klar ist, ob es wirklich »Rendezvous« sind. Er macht keine Anstalten, mich zu küssen oder mir an die Wäsche zu gehen. Aber wir besuchen gemeinsam einen Salsa-Kurs, sind bis spät in die Nacht unterwegs, reden, tanzen, lachen und flirten. Er erzählt mir ständig, wie toll ich aussehe und wie sehr er sich freue, mich zu sehen. Eines Abends hat er sogar gesagt, er liebe mich und hoffe, ich würde für immer Teil seines Lebens bleiben. Alle meine Freundinnen sagen, er hätte nur Angst, noch mal verletzt zu werden, und deshalb sollte ich durchhalten. Er ist ein toller Kerl. Hört sich doch an, als ob er wirklich auf mich stehen würde, aber nur Angst hat, oder? Salsa, Greg, bis vier Uhr früh. Salsa! Bitte gib mir einen Rat.

Nicole

Hey Miss Salsa,

ich bin ein Mann. Wenn ich eine Frau mag, küsse ich sie. Und dann überlege ich mir, wie sie mit und ohne Unterwäsche aussieht. Ich bin ein Mann. Genau so funktioniert das. Keine Wenns und Vielleichts, und ganz bestimmt keine Abers. Hat er Angst? Klar, und zwar davor, deine Gefühle zu verletzen. Das ist der Grund, weshalb er eure Beziehung ungeklärt lässt. Es mag sogar sein, dass er in der Hoffnung Zeit schindet, dass sich seine Gefühle dir gegenüber noch vertiefen. Wenn dieser Mann dir erzählt, er liebe dich und hoffe, nie wieder den Kontakt zu dir zu verlieren, kann er sich ja gern in deinem Highschool-Jahrbuch verewigen. Er liebt dich als Freund. Würde er dich als Frau lieben, würde er trotz seiner Angst oder seiner Erlebnisse in der Vergangenheit eine Beziehung mit dir eingehen. Lass es gut sein, lautet mein Rat. Und such dir jemanden, der deine Zuneigung und deine Salsa-Hüftschwünge eher verdient.

Es gibt eine Menge Gründe, weshalb ein Mann eine Freundschaft nicht auf die »nächste Ebene« heben will. Dabei spielt es keine Rolle, welche das sind, oder ob ihr sie nachvollziehen könnt. Es geht nur um eines: Wenn er sich ausmalt, wie es wäre, auf einer intimeren Basis mit euch zusammen zu sein (und glaubt mir, wir Männer denken über solche Dinge sehr wohl nach), hält er inne und sagt sich »Nö«. Ihr solltet eure Zeit nicht länger damit verschwenden, darüber nachzudenken, sondern einfach »Selber schuld« sagen.

Die »Er steht so auf mich, dass er schon nicht mehr auf mich steht«-Ausrede

Lieber Greg,

seit etwa einem Monat treffe ich mich regelmäßig mit einem Mann. Wir hatten Sex, und es war wirklich nett. Gerade als es so aussah, als würde »richtig die Post abgehen«, haben wir aufgehört, miteinander zu schlafen. Ich habe schon viermal bei ihm übernachtet, und jedes Mal haben wir am Ende nur ... geschlafen. Ein bisschen Kuscheln, mehr lief nicht. So merkwürdig es klingen mag, aber wir haben keinen Sex mehr miteinander. Es ist mir zu peinlich, ihn zu fragen, was los ist. Deshalb gehe ich davon aus, dass es daran liegt, dass er ernsthaft in mich verliebt ist und einfach nur Angst hat.

Sally

Liebe Kuschelmaus,

ein Monat? Ein Monat?! Willst du mich verarschen? Das sollte die Phase sein, in der er sich so sicher in eurer Beziehung fühlt, dass er Dinge wie Stellungen, Outfits, Hilfsmittelchen und Analpraktiken zur Sprache bringt. Ein Monat? Es gibt nur eines, was ihn müde machen sollte – sich ständig neue Mittel und Wege einfallen zu lassen, wie er dich vernaschen kann. So, und jetzt nimm deinen Mut zusammen und frag ihn, was Sache ist – Kommunikation war noch nie ein Fehler. Aber ich schätze, du kennst die Antwort in Wahrheit ohnehin schon. Ich sage dir, nimm die Beine in die Hand, und dann soll er deinem heißen Hintern erklären, warum er nicht mit dir ins Bett will. Und wenn er es nicht tut, tja – du weißt, was wir in einem Fall wie diesem sagen.

Ah, da haben wir sie also, die große »Angst vor Intimität«-De-batte. Viele, viele Menschen begeben sich deswegen in Thera-pie, es gibt zahllose Ratgeber über dieses Thema, und ganze Wagenladungen an miserablem Benehmen werden mit diesem Argument entschuldigt. (Wir haben sogar ein paar Seiten weiter vorn zu diesem Thema eine Umfrage durchgeführt.) Klar, manche Menschen wurden in der Vergangenheit zutiefst verletzt und leiden jetzt unter Angst vor Nähe und Intimität. Aber soll ich euch etwas sagen? Wenn ein Mann ernsthaft auf euch steht, wird ihn nichts davon abhalten, mit euch zusam-men zu sein – auch nicht die Angst vor Intimität und Nähe. Wenn er ein ernstes Problem hat, mag er sich auf die Suche nach einem guten Therapeuten machen, aber er wird euch ganz bestimmt nicht im Unklaren über seine Gefühle für euch lassen.

Die »Aber es fühlt sich doch immer noch so gut an«-Ausrede

Lieber Greg,

ich treffe mich regelmäßig mit einem Mann, der mir gleich nach der ersten Verabredung gesagt hat, er könne nicht monogam sein. Er glaubt einfach nicht daran. Ich habe trotzdem mit ihm geschlafen. Allerdings ist mir klar geworden, dass es nicht gut für mich wäre, mich mit ihm einzulassen, deshalb habe ich zu ihm gesagt, ich könnte mich nicht mehr mit ihm treffen. Aber dann hat er mir so gefehlt. Inzwischen treffen wir uns, gehen zusammen aus und veranstalten diese seltsamen kleinen »Übernachtungspartys«. Ich übernachte bei ihm, und wir kuscheln. Es ist so nett, Greg. Wir kochen etwas zum Abendessen, sehen fern, lachen zusammen. Es ist echt süß, und ich fühle mich ihm so nahe. Er versucht nie, mich rumzukriegen, stattdessen genießen wir einfach die Gesellschaft des anderen. Mir ist klar, dass ich nicht mehr davon erwarten sollte, aber ich fühle mich wie seine Freundin, und man kann schließlich nicht wissen, wie sich das Ganze weiterentwickelt. Es fühlt sich so toll an, bei ihm zu schlafen und am nächsten Morgen neben ihm aufzuwachen! Stimmt da etwas nicht?

Pat

Liebe Miss Pyjama-Party,

lass mich mal sehen. Es war also noch nicht schlimm zu erfahren, dass der Mann, mit dem du ein Rendezvous hast, nicht bereit ist, monogam zu sein. Stattdessen streust du noch mit voller Absicht Salz in diese Wunde, indem du dich weiterhin mit ihm triffst, obwohl er möglicherweise auch mit anderen Frauen ins Bett geht. Und jetzt fühlst du dich wie seine Freundin, nur ohne die damit verbundenen Vorteile. Nicht mal Sex. Was für ein schräges wissenschaftliches Experiment stellst du denn mit deinen Gefühlen an? Versteh mich nicht falsch, Madame Curie – ich weiß, dass es angenehm ist, Gesellschaft zu haben und neben jemandem aufzuwachen, den man gern hat, aber für so etwas gibt es schließlich Haustiere. Haustiere sind Gottes Weg, einem zu sagen »Schraub die Ansprüche nicht herunter, nur weil du einsam bist«. Offensichtlich kennst du dich selbst gut genug, um zu wissen, dass es nicht cool ist, deinen Kerl mit anderen Frauen zu teilen. Und wo wir gerade dabei sind: Was diesen Punkt angeht, solltest du auch nicht cool sein! Du verdienst einen Freund ganz für dich allein, bei dem du dich *safe* genug fühlen kannst, um Sex mit ihm zu haben.

Frauen enthalten dem Mann Sex vor, wenn sie Macht erlangen wollen, lautet eine althergebrachte Theorie. Es sieht ganz so aus, als könnten Männer das ebenfalls. Warum die Kuh kaufen, wenn man die Nähe auch umsonst kriegen kann? Genau, so einfach ist es nämlich. Wenn ein Mann zufrieden damit ist, neben dir im Bett zu liegen, Kekse zu knabbern und alte Filme anzusehen (vorausgesetzt, er ist nicht schwul), dann steht er einfach nicht auf dich.

Die »Mehrfach-Entschuldigungen«-Ausrede

Lieber Greg,

mein Freund, mit dem ich seit anderthalb Jahren zusammen bin, fühlt sich offenbar nicht zu mir hingezogen. Er hat keine besonders große Lust auf Sex, sondern es reicht ihm alle paar Wochen einmal, und auch dann bin oft ich diejenige, die die Initiative ergreifen muss. Wenn ich ihn darauf anspreche, behauptet er, er stünde wegen seiner Arbeit unter Stress, fühle sich aber durchaus von mir angezogen. Davor hat er mir erzählt, es läge daran, dass seine Mutter vor kurzem gestorben sei und er deswegen so niedergeschlagen sei. Aber wenn ich es mir recht überlege, lief es praktisch von Anfang an so zwischen uns. Kann sein, dass ich in den ersten Wochen dachte, er fände mich scharf, aber seither scheint er rein physisch nicht besonders auf mich zu stehen. Ich liebe ihn, und in jeder anderen Hinsicht haben wir die liebevollste und normalste Beziehung der Welt, aber mittlerweile fühle ich mich ständig unattraktiv und bin frustriert. Meine Freundinnen raten mir, ich solle ihm glauben, was er sagt. Aber allmählich habe ich den Verdacht, dass er einfach nicht auf mich steht, physisch, meine ich.   Dara

Liebe Miss Let's Get Physical,

wenn ich wirklich scharf auf jemanden bin, will ich es mit demjenigen auch tun. Und danach noch mal. Und auch später noch mal. Wenn wir uns jemanden aussuchen, mit dem wir viel Zeit, vielleicht sogar den Rest unseres Lebens verbringen möchten, entscheiden wir uns gewöhnlich für einen Menschen, der gern dieselben Dinge tut wie wir selbst. Einschließlich, wenn auch nicht ausschließlich, Sex. Du kannst seine Ausreden akzeptieren, wenn du willst, aber du wirst nicht um die Frage umhinkommen, ob dies die Beziehung ist, in der du leben möchtest. Willst du so den Rest deines Sexuallebens zubringen? Vielleicht steht er auf dich, vielleicht auch nicht – die einzige Frage, die du dir beantworten musst, ist, ob dir das genügt, und zwar vielleicht noch für lange, lange Zeit.

Die Ägypter haben es auf Tontöpfe gemalt, die Yogis schreiben Bücher darüber und die Juden haben es in religiösen Gesetzen verankert: Sie alle sind der Überzeugung, dass eine der wesentlichsten Zutaten für eine gesunde Beziehung Sex ist. Sex haben zu können gehört zu den größten Freuden im Leben. Der letzte Mensch, der einen daran hindern sollte, ist derjenige, mit dem man zusammen ist.

In Wahrheit ist es so einfach

Begreift es, lebt es, akzeptiert es, liebt es: Wenn ein Mann euch mag, will er auch Sex mit euch haben. Klar, in einer langjährigen Beziehung kann das Verlangen mit der Zeit etwas nachlassen, aber selbst dann ist Sex immer noch eine Freude, ein Geschenk. Und ihr habt jedes Recht der Welt auf ein tolles Sexleben.

Warum ist dieser Punkt nur so schwierig?
von Liz

Tja, hm. Es geht also um Sex. Um Gespräche über Sex. Um Fragen zum Thema Sex. Um die Bitte nach Sex. Meine Güte, jetzt wird es richtig lustig. Ich weiß ja nicht, wie es euch geht, aber ich würde mich viel eher an die Vermutung klammern, ein Mann sei zu ängstlich, zu gestresst, zu traurig, zu spirituell, zu wütend, zu fett, zu verrückt, zu sehr in seine Exfreundin verknallt, zu verängstigt (noch mal), zu sensibel, zu sehr von einem Sonnenbrand geplagt, zu sehr von der Liebe zu seiner Mutter dominiert, zu was weiß ich was alles, als sich vor Augen zu führen, dass er mich in

Wahrheit einfach nicht attraktiv findet. Oder dass er keinen Sex mit mir haben will, weil das bedeuten würde, dass wir eine Beziehung hätten und er mich nicht mal besonders mag. Noch verwirrender ist, dass wir über Sex (peinlich) in Verbindung mit Gefühlen (tödlich) und unseren Unsicherheiten und Ängsten (der reinste Albtraum) reden. Alle Leute behaupten, der Sex lasse in langjährigen Beziehungen irgendwann einmal nach und höre schließlich ganz auf; was macht es also aus, wenn er ein wenig früher Vergangenheit ist, als man es sich gewünscht hat? Sind nicht all die anderen Dinge viel wichtiger, wie zum Beispiel, gut zusammenzupassen, oder die Tatsache, dass er ein guter Mensch und ein potenziell guter Vater ist?

Da Sex ein psychologisch so komplexes Thema und das Gespräch darüber unendlich qualvoll ist, würde ich mich wahrscheinlich sogar auf eine Beziehung mit der Sorte Mann einlassen, die nur gern gemeinsam mit mir in einem Bett schläft, oder mit der Sorte mit vermeintlich schwach ausgeprägter Libido. Ich meine, immerhin freut er sich doch über meine Gesellschaft. Ich könnte notfalls auch neben einem Mann schlafen, der ohne ein Wort einfach aufgehört hat, mich als Frau zu begehren. Oder mit einem ausgehen, der mein Freund zu sein scheint, aber offenbar keinerlei Interesse hat, mich jemals nackt zu sehen. Ich könnte sogar in einer friedlichen Ehe mit einem wunderbaren Mann leben, der eher mein bester Freund als mein Ehemann ist.

Wären da nicht all die verdammten, glücklichen Paare in meinem Umfeld.

Ich rede hier nicht von denen, die man auf der Straße sieht, wie sie sich gegenseitig anschlabbern. Wer weiß, wie sie hinter verschlossenen Türen miteinander umgehen. Nein, ich rede von meinen Freunden, die ich ziemlich gut kenne. Von den Menschen, denen es gelingt, ihre Arbeit, ihre Karriere, ihre Intimität und sogar ihre Kinder unter einen Hut zu bringen und die dennoch in der Lage sind, eine glückliche, liebevolle Beziehung zu führen. Ich könnte mich ohne weiteres mit weniger zufriedengeben, wäre ich zufällig der Typ Mensch, der beim Anblick dieser Paare *Was soll daran so besonders sein?* denkt. Aber so bin ich nicht. Ich bin der Typ Mensch, der sie beobachtet und denkt *Verdammt, genau das will ich auch!* Und das ist wirklich fies. Es bedeutet nämlich, dass ich zu den Frauen gehöre, die einem Mann bohrende Fragen stellen und, schlimmer noch, notfalls mit einem tollen Typen Schluss machen, nur weil er nicht oft genug oder überhaupt keinen Sex mit mir haben möchte. Ich kann nur sagen, ich halte an dem Gedanken fest, dass auch ich eines Tages einen wunderbaren Mann an meiner Seite haben kann, der mich liebt und völlig verrückt nach mir ist. Ich bin felsenfest davon überzeugt, dass wir beide, wenn dieses unbändige Verlangen nachlässt (was zwangsläufig irgendwann der Fall sein wird), dennoch mit aller Kraft versuchen können, auch weiterhin verrückt nacheinander zu sein. Wenn auch ihr von diesem Glauben getrieben werdet, zieht Mr. Schlafmütze endlich das Kissen unter dem Kopf hervor und nehmt ihm seine Milch und seine Kekse weg. Wir verdienen mehr als eine Pyjama-Party.

So macht man das
von Greg

Fragt mich nicht, woher ich das weiß, weil ich es euch nicht verraten werde, aber ich kann euch versichern, dass meine Eltern, die inzwischen über siebzig sind, auch nachdem sie Kinder großgezogen und sich mit anstrengenden Jobs und den Ärgernissen des Alltags (sprich, dem Leben) herumgeschlagen haben, immer noch miteinander schlafen. Wenn meine Eltern das hinkriegen, sollten du und dein Partner das wohl auch schaffen.

Ich hab's, Greg
von Dorrie, 32

Ich bin eine Zeit lang mit einem Mann ausgegangen, den ich in meiner Firma kennen gelernt habe. Im Zuge unserer Arbeit mussten wir viel Zeit zusammen verbringen, es war eine sehr aufregende Erfahrung, ihn kennen zu lernen und gleichzeitig mit ihm zu arbeiten. Nachdem das Projekt abgeschlossen war, trafen wir uns weiterhin, gingen zusammen aus und küssten uns zum Abschied. Das ging zwei Monate lang so. Er machte nie Anstalten, weiter zu gehen. In der Zwischenzeit hatte ich aber seine Eltern kennen gelernt, hatte ihn zu wichtigen Veranstaltungen begleitet und Pläne mit ihm geschmiedet. Es war, als wären wir ernsthaft zusammen, nur eben ohne Sex. Ich wusste, dass er eine langfristige Beziehung hinter sich hatte, deshalb dachte ich, er wolle es eben langsam angehen lassen. Aber dann, nach dem dritten Monat, ging mir auf, dass er anfing, ein Gefühl der Intimität aufzubauen, ohne jemals intim mit mir *gewesen* zu sein. Also nahm ich all meinen Mut zusammen und fragte ihn, ob es seiner Meinung nach immer so weitergehen soll. Er fing an zu stammeln und irgendwelchen Mist zu faseln, wie beängstigend Beziehungen seien und so. Ich habe das Ganze beendet, und zwar auf der Stelle. Denn mir wurde klar, dass er, so nett er auch sein mochte und so intim wir zu sein vorgegeben haben, einfach nicht auf mich stand, und dass ich mehr wollte als das.

FALLS IHR GREG NICHT GLAUBT

Zwanzig der befragten zwanzig Männer gaben ohne eine Sekunde zu zögern an (okay, die Befragung wurde per E-Mail durchgeführt, aber sie schienen sich in diesem Punkt sehr sicher zu sein), noch nie auf eine Frau gestanden zu haben, mit der sie keinen Sex haben wollten. Einer schrieb sogar: »Häh? Wie bitte?! Was ist das für eine Frage?«

Was ihr aus diesem Kapitel gelernt haben solltet

▶ Ständig erzählen einem die Leute, wer sie sind. Wenn ein Mann sagt, er könne nicht monogam sein, solltest du ihm glauben.

▶ Freundschaft ist etwas Wunderbares, aber Freundschaft in Verbindung mit Sex ist noch viel besser. Man sollte die Dinge stets als das bezeichnen, was sie sind, oder, besser ausgedrückt, einen *Freund* als das bezeichnen, was er ist. Also, mach dich auf den Weg und such dir einen, der die Finger nicht von dir lassen kann.

▶ Sein verlorenes Selbstbewusstsein zurückzuerlangen dauert meistens länger, als einen neuen Partner zu finden, also überleg dir gut, wie du deine Prioritäten setzt.

▶ Wenn du dazu neigst, zahllose Abende damit zu verbringen, nur mit jemandem zu kuscheln, leg dir ein Haustier zu.

▶ Irgendwo da draußen gibt es einen Mann, der nur zu gern Sex mit dir haben will, Babe.

Unser supertolles,
wirklich hilfreiches Arbeitsheft

Nimm einen knallroten Stift und mal diese Fahne aus. Du hast gerade eine große rote Flagge als Warnung gemalt.

Gut, die soll dich vor einem Mann warnen, der nicht mit dir schlafen will. Und jetzt leg den Stift beiseite und such dir einen Kerl, der dir zeigt, was wahre Liebe ist.

5 Er steht einfach nicht auf dich…
wenn er Sex mit einer anderen Frau hat

Für Männer, die fremdgehen, gibt es keine
gute Ausrede. Grundsätzlich nicht.

Wenn er fremdgeht, setzt diesen Schwachkopf vor die Tür. War nur ein Scherz. Mir ist klar, dass es nicht so einfach funktioniert, sondern ein höchst kompliziertes Thema ist. »Es ist doch nur Sex, welche Rolle spielt es also schon?«, mag der eine oder andere als Argument vorbringen. Und manch einer meint, man müsse eine wichtige Beziehung nicht wegen einer einzigen Indiskretion gleich wegwerfen. Ich weiß nur eines: Welche Probleme ihr auch immer in eurer Partnerschaft habt, sie rechtfertigen nicht, dass er mit einer anderen Frau schläft. Fragt euch nicht, was ihr falsch gemacht habt. Lasst euch nicht einen Teil der Schuld in die Schuhe schieben. Sollte er euch erzählen, es sei »eben einfach passiert«, denkt daran – eine Bettgeschichte mit einer anderen Frau *passiert* nicht *einfach*. Nein, das Ganze war geplant und im vollen Bewusstsein in die Tat umgesetzt, dass eure Beziehung daran zerbrechen könnte. Seid euch über eines im Klaren: Wenn er ohne euer Wissen und ohne dass ihr ihn dazu ermutigt habt mit einer anderen Frau schläft, benimmt er sich nicht einfach nur wie ein Mann, der nicht auf euch steht, sondern wie einer, der euch noch nicht einmal besonders mag.

Die »Er hat keine Ausrede parat und weiß das auch«-Ausrede

Lieber Greg,

ich lebe seit einem Jahr mit meinem Freund zusammen. Kürzlich habe ich herausgefunden, dass er vor etwa einem Monat zweimal mit einer Kollegin geschlafen hat. (Das Mädchen hat mir das bei einer Party erzählt!) Ich habe meinen Freund damit konfrontiert, und er hat es zugegeben. Daraufhin habe ich meine Sachen gepackt und bin zu einer Freundin gezogen. Inzwischen ruft er mich pausenlos an und bekniet mich, ihm eine zweite Chance zu geben. Er behauptet, er wisse nicht, warum er es getan habe, und verspricht mir, dass es nie wieder vorkommen wird. Er hat ein wahnsinnig schlechtes Gewissen. Was soll ich tun? Fiona

Liebe Miss Zweitchance,

mal sehen. Er hat mit einer anderen Frau geschlafen, während er mit dir zusammengelebt hat. Und du hast es nur herausgefunden, weil die *Betreffende* es dir selbst erzählt hat. Klingt nach einem echten Volltreffer. Wann soll die Hochzeit stattfinden? Mal im Ernst. Reden wir über besagten Monat. In dieser Zeit hat er zweimal mit einer anderen Frau geschlafen, ist nach Hause gekommen und hat sich zu dir ins Bett gelegt. Er hat sein Geheimnis bewusst vor dir verborgen, wann immer er dir in die Augen geschaut hat. Und vergessen wir nicht, dass dieser feine Herr nicht aus freien Stücken gebeichtet hat – das hat seine kleine Bettgefährtin für ihn in die Wege geleitet. Wäre es also nach ihm gegangen, wäre aus diesem einen Monat ein zweiter geworden, dann ein dritter und … keine Ahnung, eine halbe Ewigkeit? Haben all seine Entschuldigungen irgendeinen Wert? Tja, du kannst es dir aussuchen, ob du ihm glauben willst, dass es ihm leidtut. Du kannst beschließen, ihm zu glauben, dass er sich ändern wird. Für mich sind Lügen, Betrügen und Heimlichtuerei das genaue Gegenteil von dem Verhalten eines Mannes, der ernsthaft auf dich steht.

Fremdgehen ist etwas Schlimmes. Nicht zu wissen, warum man fremdgegangen ist, ist sogar noch schlimmer. Wenn euch eine rote Flagge nicht reicht, warum dann nicht gleich zwei? Lasst euch auf keinen Fall mit einem Mann ein, der nicht weiß, warum er etwas tut.

Die »Aber ich bin so fett geworden«-Ausrede

Lieber Greg,
ich bin seit etwa zwei Jahren mit einem Mann zusammen und dachte, dass es eigentlich ganz

gut läuft. Als er von einem Familienbesuch nach Hause kam, hat er mir gestanden, dass er mit einer Frau im Bett war, die er in einer Bar kennen gelernt hat. Ich war völlig am Boden zerstört und habe ihn gefragt, warum er das getan hat. Er meinte, ich hätte zugenommen, deshalb fände er mich nicht mehr attraktiv. Ich bin vollkommen durcheinander. Natürlich stimmt es, was er sagt. Ich habe knapp zehn Kilo zugelegt. Soll ich mit ihm Schluss machen oder mich im Fitnessstudio anmelden?

Beth

Liebe Miss Gewichtsverlust,

ich finde, du solltest gleich 80 Kilo Ballast abwerfen – und zwar in Form deines Verlierers von einem Freund – und nicht die erwähnten zehn Kilo. Er hat dich betrogen und dich als zu fett bezeichnet. Wie viele Schwaches-Selbstbewusstsein-Protein-Shakes kann ein Mensch zu sich nehmen? Dein Gewicht als Ausrede zu benutzen, dich zu betrügen, ist nicht nur gemein, sondern zählt auch nicht. Wenn er ein Problem mit irgendetwas in eurer Beziehung hat, sollte er gefälligst mit dir darüber reden, statt sein Ding in die Vagina einer anderen Frau zu stecken. Und wo wir gerade dabei sind – was wird er wohl erst tun, wenn du schwanger bist, älter wirst oder ein paar Falten kriegst? Oder eine Farbe trägst, die er nicht mag? Schieß diesen Penner ab, sonst komme ich zu dir nach Hause und erledige das für dich.

Die »Er hat nun mal ein ausgeprägteres Verlangen als ich«-Ausrede

Lieber Greg,

ich bin seit etwa einem Jahr mit einem Mann zusammen. Von einer Freundin habe ich jetzt erfahren, dass er mit einer Frau geschlafen hat, die ich sogar flüchtig kenne. Ich habe ihn damit konfrontiert, und er meinte, bei mir bekäme er nicht genug Sex, deshalb schlafe er auch mit anderen Frauen. Er hat Recht. Manchmal will ich nicht, wenn er gerade Lust hat. Es ist nicht immer so, aber er will definitiv häufiger mit mir schlafen als ich mit ihm. Also stimmt es in gewisser Weise, was er sagt. Soll ich ihm verzeihen und mich ein wenig mehr ins Zeug legen? Lorraine

Liebe Miss Bett-Zeug,

das Einzige, wobei du dich ins Zeug legen solltest, ist, so schnell wie möglich seine Klamotten auszuräumen, die immer noch bei dir im Schrank hängen. Es gibt keine Entschuldigung dafür, sich mit anderen Frauen herumzutreiben. Ende der Durchsage. Es gibt unendlich viele Möglichkeiten, mit dem weit verbreiteten Problem umzugehen, dass zwei Partner nicht dasselbe sexuelle Verlangen haben. Normalerweise besteht der erste Schritt aus einem Gespräch zwischen zwei Erwachsenen, das hoffentlich dazu führt, dass sich die beiden

Partner darauf verständigen, an diesem Punkt zu arbeiten – und nicht daraus, dass er mit einer anderen Frau in die Kiste hüpft. Und noch dazu mit einer, die du kennst! Er bringt nicht nur keinen Respekt für dich oder für eure Partnerschaft auf, sondern ist auch nicht in der Lage, eine ernsthafte Beziehung zu führen. Hier geht es noch nicht einmal um die Frage, ob er »eben nicht auf dich steht«. Du solltest definitiv nicht mit ihm zusammenbleiben, wenn dir etwas an dir selbst liegt.

Diese beiden letzten Burschen sind wirklich toll. Sie haben ihre Beziehung verraten und ihre Freundinnen gedemütigt. Und dann schieben sie den Frauen die Schuld in die Schuhe, wohl wissend, dass sie ihre Partnerinnen mit ihrer Schandtat so demoralisiert haben, dass sie ihnen auch noch den allerletzten Blödsinn abkaufen. Wenn etwas in einer Partnerschaft nicht gut läuft, habe ich einen tollen, schlauen Vorschlag für euch: Redet darüber. Lasst euch nicht einreden, ihr hättet an der Untreue eines Mannes Schuld. Niemals.

Die »Aber zumindest hat er sie gekannt«-Ausrede

Lieber Greg,
ich bin seit etwa einem Jahr mit einem Mann zusammen. Wir sind sehr ineinander verliebt und

verstehen uns großartig. Neulich hat er sich mit seiner Exfrau getroffen, die er seit rund einem Jahr nicht mehr gesehen hat. (Sie hat ihn wegen eines anderen Mannes verlassen.) Ihre Scheidung liegt etwa zwei Jahre zurück. Sie haben miteinander geschlafen. Ich bin wahnsinnig wütend und will mit ihm Schluss machen. Er will, dass ich ihm verzeihe, weil es seine Exfrau und keine neue, fremde Frau gewesen sei, mit der er mich betrogen hat. Er schwört hoch und heilig, dass es nie wieder passieren wird. Es seien einfach alte Gefühle hochgekommen, und er hätte sich nicht unter Kontrolle gehabt. Ich will ihm auch gern verzeihen – schließlich ist es nur dieses eine Mal passiert –, aber für mich fühlt es sich an, als wäre alles zerstört. Kann er mich wirklich lieben und mir trotzdem so etwas antun?　　　　Joyce

Liebe Miss Zerstörungswut,

wessen Idee war es, bitte schön, aus dem »Ex« unbedingt »Sex« machen zu müssen? Willst du mir ernsthaft erzählen, dass sein »Ich kann mein Ding ungestraft in sie reinstecken«-Freifahrtschein darin besteht, dass er früher mal mit ihr verheiratet war? Bedeutet das, dass er auch mit der Frau ins Bett gehen kann, die seine Zahnreinigung durchführt? Oder wie wär's mit der Frau im Fotogeschäft, die seine Bilder entwickelt? Ich kann nur hoffen, dass in nächster Zeit kein Klassentreffen bei ihm ansteht. Es spielt keine Rolle, ob er dich immer noch liebt. Er hat dir einen eindeutigen Hinweis darauf gegeben, wie er zu eurer Beziehung steht. Die Frage ist, ob du ihn nach all dem noch lieben kannst.

Natürlich kann man einem Mann keinen Vorwurf daraus machen, etwas für andere zu empfinden. Man liebt jemanden, trennt sich, und die Gefühle sind trotzdem noch da. Gott sei Dank, dass das so ist. Aber Gefühle für jemanden zu hegen heißt nicht, dass man mit der Betreffenden unbedingt schlafen muss. Sex bedeutet doch, mit seiner Geliebten allein sein zu wollen, sie auszuziehen, sie zu küssen und all die anderen Dinge zu tun, die zu einer sexuellen Begegnung mit einem anderen Menschen gehören. Ein Hoch auf Gefühle. Sofern man weiß, wann man ihnen freien Lauf lassen kann.

In Wahrheit ist es so einfach

Wenn man in einer Beziehung lebt, in der sich beide Partner auf Monogamie geeinigt haben und der Mann auf einmal fremdgeht, hat er absichtlich gegen eine wesentliche Regel verstoßen, die beide festgelegt haben. Der Mann hat euch ohne euer Wissen betrogen und damit Lügen und Heimlichkeiten in eurer Partnerschaft Tür und Tor geöffnet.

Nennen wir Untreue doch beim Namen: Es ist ein Vertrauensbruch, wie er im Buche steht. Männer, die fremdgehen, haben eine Menge Dinge am Hals, über die sie sich klar werden sollten, und das tun sie auf Kosten eurer Zeit und eures

Herzens. Manche untreuen Männer liefern eine Ausrede für ihr Verhalten, andere nicht, manche geben euch sogar die Schuld dafür. Niemand kann euch genau sagen, wie ihr euch in einer so komplizierten und schmerzhaften Situation am besten verhalten solltet. Aber die eigentliche Frage ist doch: Ist es das, was ihr euch von einer Beziehung erhofft?

Warum ist dieser Punkt nur so schwierig?
von Liz

In meinem Leben gab es zwei Männer, die mir gebeichtet haben, sie hätten mit einer anderen Frau geschlafen. Das war jeweils zu Beginn unserer Partnerschaft. (Im einen Fall habe ich es im Traum vor mir gesehen. Ganz ehrlich. Ich habe meinen Freund damit konfrontiert, und er ist völlig ausgeflippt!) Jedenfalls habe ich beide Male den Schluss daraus gezogen, dass diese Männer mir damit sagen wollten, dass ich ihnen nie über den Weg trauen könnte. Die Beziehung hatte kaum angefangen, da zogen sie schon die Reißleine.

Der Anfang einer Partnerschaft zweier Menschen ist eine sehr fragile, anfällige Phase. Es gibt nichts Wirksameres, um das zarte Pflänzchen einer aufkeimenden Beziehung zu zertrampeln, als die Eröffnung, betrogen worden zu sein. Ich weiß, dass ich niemals darüber hinwegkommen würde, deshalb empfinde ich diesen Punkt überhaupt nicht als schwierig. Okay, wenn ich meine Fantasie spielen lasse, sehe ich vielleicht, dass am Anfang einer Partnerschaft die Grenzen noch nicht eindeutig gesteckt und die Regeln noch nicht klar ausgesprochen und fixiert sind. Vielleicht ist das ja die letzte Affäre, bevor es endgültig ernst wird. In einem so frühen Stadium einer Beziehung kann es schwierig sein zu differenzieren, ob der Mann sich nur von irgendeiner Altlast befreien muss und das Ganze ein einmaliger Ausrutscher war, oder ob man sich auf einen echten Mistkerl eingelassen hat. Genau das ist das Problem bei der Suche nach dem Richtigen – man kommt einem Menschen sehr nahe, den man im Grunde nicht besonders gut kennt. Man kennt sein moralisches Grundkonzept nicht, ebenso wenig wie sein Beziehungsvorstrafenregister. Stattdessen lässt man sich von seinem Instinkt leiten, davon, wie viel er einem bedeutet und wie er sich selbst zu all dem äußert. Wie traurig muss es sein, diese Art von Unterhaltung in einer Phase der Beziehung zu führen, in der der Himmel voller Geigen hängen sollte und sich die Menschen von ihrer Schokoladenseite präsentieren. Ich wünsche uns allen, dass wir so etwas niemals tun müssen. Von ganzem Herzen.

So macht man das
von Liz

Eine Freundin hat mir von einer Verabredung mit einem Mann erzählt, von dem sie sehr begeistert war. Er versetzte sie. Später rief er an, bat sie um Verzeihung und brachte irgendwelche Ausreden vor. Sie sagte zu ihm, er solle sich verziehen. Er hätte einen einzigen Versuch mit ihr gehabt und ihn vermasselt.

Stellt euch nur mal vor, was diese Frau mit einem Kerl angestellt hätte, der sie betrogen hat.

P.S. Man könnte sagen, dass sie den Weg für den nächsten Mann freigemacht hat, der es nicht vermasselt hat. Mit ihm ist sie heute verheiratet, und er trägt sie auf Händen.

Ich hab's, Greg
von Adele, 26

Ich war mit einem Mann zusammen, den ich sehr mochte und der in einer angesagten Band in unserer Stadt spielte. Nach ein paar Wochen meinte er, er hätte nach einem Auftritt mit einem anderen Mädchen geschlafen. Vor ein paar Jahren noch wäre ich bestimmt so versessen darauf gewesen, mit einem Typen aus einer Band zusammen zu sein, dass ich so getan hätte, als wäre es nie passiert. Wahrscheinlich hätte ich versucht zu vergessen, dass er es mir jemals erzählt hat. Aber tatsächlich habe ich zu ihm gesagt, das wäre echt cool. Er könnte natürlich jederzeit tun, was er wollte. Nur würde er mich eben nie wiedersehen. Es hat sich einfach toll angefühlt!

FALLS IHR GREG NICHT GLAUBT

100 % der befragten Männer gaben an, sie hätten nie aus Versehen mit einer Frau geschlafen. (Aber viele von ihnen wollten wissen, wie es zu einem solchen Versehen kommen könne und was sie anstellen müssten, um in so etwas verwickelt zu werden.)

Was ihr aus diesem Kapitel gelernt haben solltet

▶ Es gibt keine Entschuldigung für Untreue. Ich wiederhole: Es gibt keine Entschuldigung für Untreue. Und jetzt ihr: Es gibt keine Entschuldigung für Untreue.

▶ Die einzige Verantwortung, die man hat, wenn jemand anders einen Fehltritt begeht, ist gegenüber sich selbst.

▶ Untreue ist Untreue. Es spielt keine Rolle, mit wem oder wie viele Male es passiert ist.

▶ Fremdgehen wird mit jedem Mal einfacher. Schwierig ist es nur bei der ersten Gelegenheit, wenn sich Moral und das schlechte Gewissen, weil man das Vertrauen eines anderen Menschen missbraucht, noch zu Wort melden.

▶ Aus Männern, die fremdgehen, wird nie was. (Weil sie nerven.)

▶ Ein Mann, der andere betrügt, betrügt in Wahrheit sich selbst, weil er die Chance nicht bekommt, mit *dir* zusammen zu sein!

Unser supertolles, wirklich hilfreiches Arbeitsheft

Hier sind unsere fünf Vorschläge, was ein Mann unternehmen könnte, wenn er in seiner Beziehung nicht zufrieden ist. (Wie euch auffallen wird, taucht nirgendwo der Punkt »Mit jemand anderem ins Bett gehen« auf.)

1. Darüber reden.
2. Darüber schreiben.
3. Einen Song singen.
4. Eine E-Mail verfassen.
5. Oder sogar ein Puppentheater zu diesem Thema inszenieren.

Und jetzt überlegt euch fünf eigene Vorschläge. (Natürlich haben wir die einfachsten genommen, trotzdem sind wir sicher, dass euch weitere fünf einfallen werden.)

1.

2.

3.

4.

5.

Lest sie, lacht darüber und schickt den Kerl, der euch betrogen hat, in die Wüste. Natürlich steht es mir nicht zu, euch zu sagen, was ihr tun sollt. Schickt ihn trotzdem in die Wüste.

6
Er steht einfach nicht auf dich …
wenn er sich nur betrunken mit dir treffen will

Wenn er dich wirklich mag, wird er dich sehen wollen, wenn sein Urteilsvermögen nicht getrübt ist.

Ein Rendezvous bei einem netten Drink macht eine Menge Spaß. Wer trinkt nicht gern ein Schlückchen beim ersten gegenseitigen Beschnuppern? Alkohol kann das Selbstbewusstsein stärken, und lasst uns den Tatsachen ins Auge blicken: Selbstbewusstsein ist eine tolle Sache und macht es einem leichter, schmutzige Dinge laut auszusprechen. Gegen all das gibt es nichts einzuwenden, solange man das berühmte Brechen des Eises nicht mit echter Intimität verwechselt. Betrunken oder angeheitert zu sein sind Bewusstseinsveränderungen, die einen über wahre Gefühle hinwegtäuschen können. Seid euch darüber im Klaren, dass es ein Zeichen für ein schwerwiegenderes Problem sein könnte, wenn Boozy der Clown sich erst seine rote Saufnase aufsetzen muss, wann immer es zur Sache geht.

Die »Aber ich mag ihn eben so«-Ausrede

Lieber Greg,

du bist echt blöd. Erinnerst du dich an meinen Freund, den Musikvideo-Regisseur? Er trinkt gern Alkohol. Er hat einen echt harten Job und braucht etwas, um ein bisschen runterzukommen. Wenn er betrunken ist, dann ist er immer wahnsinnig lieb und sagt mir all die tollen Dinge, was er für mich empfindet und so. Ich finde das toll! Manche Leute brauchen eben Alkohol, um den Mut aufzubringen, ihre Gefühle offen auszusprechen, und ich finde nichts Schlimmes daran. Ehrlich gesagt, finde ich es auch nicht schlimm, nach der Arbeit etwas zu trinken. Es macht Spaß. Es ist, als feiere man die ganze Zeit nur ab. Er vernachlässigt niemals seine Arbeit. Er ist eben einfach ein böser Junge. Und ich mag böse Jungs. Sie sind spannend. Wenn du nicht dieser Meinung bist, bist du eben ein verklemmter Spießer.

Nikki

Liebe Nikki,

Nikki, Nikki, ich weiß, dass du ihn absolut heiß findest. Du stehst auf dieses angeschickerte »Oh, Baby, du bist so wunderschön«-Genuschel, das er von sich gibt, wenn er an der Bar sitzt. Oder dieses süße »Ich liebe dich so sehr, du bist das

Beste, was mir jemals passiert ist, Babe«-Blabla, während er den Arm ein wenig zu fest um deine Taille legt. Mir ist klar, dass seine schwülen, trunkenen Liebesbezeugungen dein Herz erwärmen. Nikki, du solltest es doch langsam wissen. Man kann einem Mann nicht alles glauben, wenn er betrunken ist. Lass dir das von einem ehemaligen bösen Jungen sagen: Böse Jungs sind böse, weil sie Probleme haben. Probleme wie ein mangelndes Selbstwertgefühl, ganze Wagenladungen aufgestauter Wut, tonnenweise Selbstekel, nicht den geringsten Glauben an eine liebevolle Beziehung und, ja, klar, echt coole Klamotten und oft einen coolen Wagen. Genau der richtige Typ Mann für dich, stimmt's, Nikki?

Ladys, lasst nicht zu, dass euer Bedürfnis nach Liebe und Zuneigung euer Urteilsvermögen trübt (wie ein großes Glas Scotch). Wenn ihr das große Glück habt und euch nicht mit den enormen und höchst schmerzlichen Problemen herumschlagen müsst, die eine Ehe oder Beziehung mit einem Alkoholiker mit sich bringt, sondern nur rein zufällig mit einem Mann ausgeht, bei dem euch auffällt, dass er schrecklich viel trinkt, passt auf. Haltet euch vor Augen, dass ihr nicht nur einen liebevollen und aufmerksamen Freund verdient, sondern einen liebevollen, aufmerksamen und nüchternen.

Die »Wenigstens nimmt er keine harten Sachen«-Ausrede

Lieber Greg,

mein Freund ist Anwalt und raucht jeden Abend Haschisch. Allerdings redet und verhält er sich dabei jedes Mal, als wäre er vollkommen nüchtern. Ich finde es irgendwie schräg, dass er die ganze Zeit high ist und ich stocknüchtern bin, trotzdem ist das Ganze kein Thema zwischen uns. Alle meine Freundinnen finden es nicht so toll, dass ich mit einem Haschbruder zusammen bin, aber er benimmt sich überhaupt nicht wie einer, also wo ist das Problem? Ich kann mir nicht vorstellen, inwiefern das etwas mit mir zu tun haben sollte. Oder etwa doch?

Shirley

Liebe Miss High-Zeiten,

Irrtum! Lass uns doch mal kurz festhalten, welche Auswirkungen Haschisch auf das menschliche Gehirn hat. Der Genuss von Pot verlangsamt die Aktivität des Gehirns und sorgt dafür, dass der Betreffende den Kontakt zur Außenwelt verliert und sich stattdessen immer mehr in sich zurückzieht. Es dämpft die Sinneswahrnehmung, vernebelt den Geist und beeinträchtigt das Gefühl für Realität. Okay, er ist also ständig stoned, wenn er mit dir zusammen ist. Das bedeutet, er mag dich lieber, wenn er nicht so viel von dir wahrnimmt. Du bist mit jemandem zusammen, der keinen Wert auf deine unverminderte Gesellschaft legt. Das ist praktisch dasselbe, als würde er dich lieber mögen, wenn du dich im Nebenzimmer aufhältst. Es bedeutet nicht, dass er nicht auf dich steht, sondern nur, dass er mehr auf das Haschisch steht als auf dich. Wenn er übrigens jemals wegen Drogenbesitzes verhaftet werden sollte, würde er höchstwahrscheinlich seine Anwaltszulassung verlieren, weil Kriminelle nicht vor Gericht auftreten dürfen. Das heißt, du bist wenigstens in guter Gesellschaft, denn das Haschisch ist ihm auch wichtiger als sein Job.

Lasst euch nicht für blöd verkaufen. Nur weil der Kerl nicht betrunken in die Gosse kippt und sich in die Hose macht, solltet ihr ihn nicht damit davonkommen lassen, dass er – wenn auch unauffällig und elegant – in jeder Sekunde, die er mit euch verbringt, geistig neben sich steht. Es ist trotz allem Alkoholgenuss und Benebelung der Sinne, und es ist trotz allem nicht gut für euch.

In Wahrheit ist es so einfach

Manchmal ist das Leben unglaublich schwierig und schmerzlich. Wenn man einen Partner sucht, mit dem man sein Leben verbringen möchte, ist es besser, sich für jemanden zu entscheiden, der die Erwartungen an ihn im Vollbesitz seiner geistigen Fähigkeiten erfüllen kann.

Eine besondere Anmerkung an alle Damen: Solltet ihr zufällig eine Zunahme eures eigenen Alkohol- oder Nikotingenusses in Gegenwart von Mr. Party Man bemerken, seid vorsichtig. Das ist keine »Wenn du nichts dagegen tun kannst, trink einfach mit«-Situation. Die Tatsache, dass ihr euch betrinkt, wird euch nicht dabei helfen, seinen eigenen Konsum geringer erscheinen zu lassen.

Warum ist dieser Punkt nur so schwierig?
von Liz

Keine Ahnung, warum, aber ich war mit vielen Alkoholikern aus. Oder, wie ich es damals wahrscheinlich formuliert habe, mit »Männern, die gern viel trinken«. Ich weiß wirklich nicht, warum das so ist, denn in meiner Familie gibt es niemanden, der dem Alkohol zuspricht. Auch ich trinke nicht besonders viel. Schätzungsweise fand ich sie eben immer besonders witzig. Ich war außer mir vor Begeisterung, als mein damaliger Freund im Suff bei der Dachterrassenparty einer Freundin auf den Wasserturm geklettert ist und sich vor sämtlichen Gästen entblößt hat. Und als er, ebenfalls im betrunkenen Zustand, in seiner Küche eine Schachtel Knallfrösche angezündet hat, nur um mich zum Lachen zu bringen. Das war toll. Besonders witzig fand ich, dass mein Freund eine Woche lang wie vom Erdboden verschluckt war und ich, nachdem ich herumtelefoniert habe, feststellen musste, dass er wieder bei seiner Exfreundin eingezogen ist.

Wahrscheinlich stößt man besonders häufig bei Alkoholikern auf eine Reihe von Charakterzügen, die zufällig genau die Eigenschaften sind, die ich besonders anziehend finde. Die Trunkenbolde, mit denen ich zusammen war, waren allesamt spontan, witzig, leidenschaftlich, klug, kreativ, emotional nicht greifbar, unzuverlässig, unsensibel, unaufrichtig und leicht ausfallend. Wie sehr ich sie alle geliebt habe!

Wieso ist das hier also ein schwieriger Punkt? Eigentlich ist es das gar nicht. Meiner Meinung nach hat Alkohol nur im ersten Stadium einer Beziehung einen enormen Einfluss. Auf den ersten Kuss, auf das erste Mal Sex ... die meisten Beziehungen würden ohne ein paar Gläser Wein nie in die Gänge kommen, und daran kann ich nichts Schlimmes finden. Ich war auch mit trockenen Alkoholikern zusammen, und, meine Güte, diese ersten großen Momente ohne einen Tropfen Alkohol? Tja, das ist ziemlich schwierig. Aber andererseits ... auch wieder toll. Das Gefühl von Romantik überträgt sich auch sehr gut in nüchternem Zustand.

Das heißt, wir brauchen uns lediglich über den Unterschied zwischen ein paar Gläsern zur Entspannung und ständigem Missbrauch im Klaren zu sein. Okay. Alles klar. Und Greg will sichergehen, dass wir uns nicht mit irgendwelchen Alkoholikern oder Drogenabhängigen einlassen, die unsere Wege kreuzen. Ich denke, das ist nur fair, oder?

Okay, Greg. Wir werden es nicht tun. Versprochen.

So macht man das
von Liz

Ich kannte mal einen erfolgreichen Geschäftsmann, der jeden Abend einen Joint geraucht hat, manchmal sogar schon morgens. Er ging mit Frauen aus, die das nicht mochten, und versuchte, seinen Konsum einzuschränken, solange er mit ihnen zusammen war. Eines Tages lernte er die Frau seiner Träume kennen, die seine Drogen nicht akzeptierte. Also hat er von heute auf morgen damit aufgehört und ist seitdem nüchtern und sehr glücklich damit.

Ich hab's, Greg
von Nessa, 38

Seit einiger Zeit treffe ich mich regelmäßig mit einem Mann, den ich sehr gern mag. Wir haben uns in angetrunkenem Zustand auf einer Party kennen gelernt und haben ein bisschen rumgemacht. Dann hatte ich eine Verabredung mit ihm und war wahnsinnig nervös (weil ich ihn so toll fand), so dass ich mehr trank als gewöhnlich. Er trinkt auch gern Alkohol, deshalb habe ich versucht, mit ihm Schritt zu halten. Irgendwann fiel mir auf, dass wir uns bei jeder Verabredung einfach nur betranken. Normalerweise hätte ich den Mund gehalten und abgewartet, was weiter passiert, aber jetzt habe ich den Mut aufgebracht, etwas zu sagen. Er hat mir zugehört und sich zu einer »nüchternen« Verabredung bereit erklärt. Am Anfang war es etwas seltsam und angespannt, aber dann wurde es wirklich toll. Ich bin so froh, dass ich die Courage hatte, den Mund aufzumachen.

FALLS IHR GREG NICHT GLAUBT

100% der befragten Männer gaben an, sie hätten sich nie in das Bett einer Frau übergeben, auf die sie wirklich standen. (Offenbar wissen diese Jungs nicht, wie man sich so richtig amüsiert.)

Was ihr aus diesem Kapitel gelernt haben solltet

▶ Es zählt erst, wenn er es im nüchternen Zustand ausspricht. Ein »Ich liebe dich« (oder etwas in dieser Art) unter dem Einfluss von irgendetwas Stärkerem als Traubensaft wird weder vor Gericht noch im wahren Leben standhalten.

▶ Alkohol- oder Drogengenuss ist kein Mittel, um zu den tiefsten innersten Gefühlen eines Menschen vorzudringen. Sonst würden sich die Leute nicht reihenweise leere Bierdosen gegen den Schädel schlagen oder den Finger in die Flammen halten, um herauszufinden, ob sie etwas empfinden.

▶ Wenn er sich nur mit dir treffen, mit dir reden, Sex mit dir haben oder sonst etwas will, wenn er angetrunken ist, dann ist das keine Liebe – sondern ein Sport.

▶ Böse Jungs sind tatsächlich böse.

▶ Du verdienst jemanden, der sich in deiner Gegenwart nicht volllaufen lassen muss.

Unser supertolles, wirklich hilfreiches Arbeitsheft

Im Anfangsstadium einer Beziehung wird häufig eine Menge Alkohol getrunken. Es mag schwierig sein, überhaupt zu bemerken, dass man seinen neuen Partner praktisch noch nie nüchtern gesehen hat. Oder sich in diesem Fall zu überlegen, ob es ein Problem darstellt (für dich!). Zu diesem Zweck haben wir einen kleinen Kalender für dich angefertigt, in den du deine Termine eintragen kannst. Male für jeden Tag, an dem du ihn in nicht nüchternem Zustand siehst, eine Clownsnase aus. (Dazu gehören auch Haschisch, Muskelrelaxans-Medikamente, Lachgas, jegliche Art von Schmerz- und Beruhigungsmitteln sowie eine Überdosis Red Bull.) Nur du allein kannst entscheiden, was für dein Empfinden zu viel oder zu wenig ist. Aber wenigstens hast du dann die Clownsgewohnheiten schwarz auf weiß vor Augen.

Mo	Di	Mi	Do	Fr	Sa	So

7
Er steht einfach nicht auf dich ...
wenn er dich nicht heiraten will

Liebe heilt Bindungsphobie.

Denkt daran: Jeder Mann, mit dem ihr jemals ausgegangen seid und der behauptet hat, er wolle nicht heiraten, glaube nicht an die Ehe oder hätte sonst ein Problem damit, wird eines Tages unter der Haube sein, verlasst euch drauf. Nur eben nicht mit euch als Partnerin. Denn in Wahrheit sagt er nicht, dass er nicht verheiratet sein möchte. Er möchte es nur nicht mit *euch* sein. Es ist nichts Schlimmes daran, jemanden heiraten zu wollen. Deshalb solltet ihr euch nicht schämen oder glauben, die Gleichberechtigung wäre an euch vorübergegangen, nur weil ihr es euch wünscht. Achtet einfach von Anfang an darauf, einen Mann auszuwählen, der dieselben Vorstellungen von der Zukunft hat wie ihr, und sucht euch jemand anderen, wenn dies nicht der Fall ist. Große Pläne erfordern großen Einsatz.

Die »Im Moment ist es finanziell ein wenig eng«-Ausrede

Lieber Greg,

ich habe einen Freund, mit dem ich seit drei Jahren zusammenlebe. Ich werde demnächst neununddreißig und habe in letzter Zeit häufiger die Sprache auf längerfristige Zukunftspläne, wie zum Beispiel eine Heirat, gebracht. Grundsätzlich scheint er dem Ganzen offen gegenüberzustehen, aber dann argumentiert er trotzdem, wie schlecht seine finanzielle Situation ist. Er ist Investmentbanker auf selbstständiger Basis und hat in den letzten beiden Jahren sehr, sehr viel Geld und auch einen Großteil seiner Kunden verloren. Na ja, in Wahrheit ist sein Geschäft ziemlich auf dem absteigenden Ast. Er sagt, er stünde unter enormem Druck. Ist es übertrieben von mir, wenn ich von ihm wissen will, wie es mit unserer Zukunft aussieht? Bitte gib mir einen Rat.

Barbara

Liebe Druckkesselköchin,

sag auf keinen Fall auch nur ein Wort. Sei still, ganz still. Vielleicht solltest du dir überlegen, sogar in eine andere Wohnung zu ziehen, damit du ihm in seiner ach-so-schwierigen Phase nicht im Weg bist. Vergiss nicht, dass er der Wichtigste Mann Der Welt ist, dass sein Geschäft nicht gut läuft und dass das Einfluss auf alles und jeden um ihn herum hat. Was zum Teufel denkst du dir eigentlich, meine Liebe? Natürlich solltest du wissen, wie es mit eurer Zukunft aussieht. Es steht völlig außer Frage, dass du nach drei Jahren Investition das Recht hast zu erfahren, was du in Zukunft erwarten kannst. Jeder Investmentbanker, der seinen Titel zu Recht trägt, würde mir zustimmen. Jeder von uns hat in den vergangenen beiden Jahren Geld verloren. Der Aktienmarkt ist zusammengebrochen, die Wirtschaft ist in den Keller gefahren, aber trotzdem haben es jede Menge Menschen geschafft, eine Ehe einzugehen. Wenn ihr beide Ende dreißig und seit drei Jahren zusammen seid und er dich nicht bittet, seine Frau zu werden, hilft dir dieser Aktientipp vielleicht weiter: Mr. Dow Jones steht einfach nicht auf dich.

In finanzieller Hinsicht gibt es nie einen geeigneten Zeitpunkt, um zu heiraten, es sei denn, du heißt Bill Gates oder Steven Spielberg. Trotzdem gibt es Menschen, die es auf die Reihe kriegen. Wenn euer Partner Geld als Ausrede benutzt, um euch nicht heiraten zu müssen, ist es eure Beziehung, der eine Talfahrt droht, nicht euer Bankkonto.

Die »Alle nützen ihn nur aus«-Ausrede

Lieber Greg,

mein Freund ist ziemlich reich – nicht wie Donald Trump, aber er stammt aus einer reichen Familie und ist selbst erfolgreicher Geschäftsmann. Er hat das Gefühl, als wären sämtliche Frauen nur hinter seinem Geld her. Sobald sie ein paar Monate zusammen seien, würden sie die imaginären Hochzeitsglocken läuten hören, sagt er. Ich bin nicht so, sondern arbeite und verdiene meinen Lebensunterhalt selbst. Ich nehme nie Geld von ihm an, sondern liebe ihn für das, was er ist. Ich bin fünfunddreißig. Wir kennen uns seit drei Jahren und leben seit zwei Jahren zusammen. Nach allem, was ich über seine bisherigen Beziehungen weiß, macht er mit seinen Freundinnen meistens recht schnell Schluss, wenn diese das Thema Heirat anschneiden. Aber er muss doch wissen, dass ich anders bin. Ich weiß, dass es schwierig sein muss, so viel Geld zu haben, deshalb versuche ich, verständnisvoll zu sein. Kann seine Angst, ausgenutzt zu werden, wirklich so groß sein? Oder sollte ich mich langsam fragen, ob er einfach nicht auf mich steht?

Arlene

Liebe Miss Du bist so geldorientiert und merkst es noch nicht mal,

wow! Ich wusste gar nicht, dass neuerdings auch die Tatsache, *zu viel* Geld zu haben, als Argument benutzt wird, um nicht heiraten zu müssen. Was denkt ihr verrückten jungen Leute euch als Nächstes aus? Auch auf die Gefahr hin, mich zu wiederholen: Du darfst Erwartungen an die Zukunft haben und wissen wollen, ob die Beziehung, in der du dich befindest, dich näher in Richtung dieser Erwartungen führt oder eher ihr Ende bedeutet. Auch ein noch so großes Vermögen kann dir diese Frage nicht ersparen. Wenn du dich davor fürchtest, das Thema Heirat anzuschneiden, weil die Gefahr besteht, dass er mit dir Schluss macht, hat dieser Kerl nicht nur all das Geld, sondern auch die gesamte Macht in eurer Beziehung. Und, na ja, das ärgert mich fürchterlich, weil ich finde, dass niemand so viel Glück verdient. Du solltest dich weder von seinen Wagenladungen an Geld noch von seinen Wagenladungen an Ballast aus früheren Beziehungen ins Bockshorn jagen lassen. Finde heraus, ob Mr. Schwerreich tatsächlich so sehr auf dich steht, dass du dich an ihn binden willst. Und kauf ihm keine seiner Armer-Reicher-Junge-Ausreden ab.

Ich persönlich finde es nicht gerade vielversprechend, wenn man sich hinsetzen und krampfhaft überlegen muss, wie man einem Menschen gegenüber, dem man über einen beträchtlichen Zeitraum hinweg sehr nahesteht, das Thema Heirat am besten anschneiden kann. Die meisten Männer (oder sagen wir, die Männer, in deren Gegenwart ich euch am liebsten sehen würde) werden innerhalb einer halbwegs vernünftigen Zeitspanne dafür sorgen, dass ihr keinen Zweifel an der Ernst-haftigkeit ihrer Absichten hegt. Wenn euer Partner dies also nicht tut, redet mit ihm über seine zwiespältigen Gefühle und seinen Konflikt. Und sobald ihr bereit dazu seid, sucht euch je-manden, der seine Zeit damit zubringt, sich Gedanken über *euer* Befinden zu machen.

Die »Ist das wirklich eine Ausrede?«-Zwickmühle

Lieber Greg,

ich bin dreiunddreißig und lebe seit zwei Jah-ren mit einem Mann zusammen. Wir lieben uns, er ist toll, und wir verstehen uns wirklich prima. Er steht voll und ganz hinter unserer Bezie-hung, will nur eben keine Ehe eingehen. Er hat jung geheiratet und wurde wenig später wieder geschieden. Er wolle eine tolle Beziehung nicht durch eine Heirat zerstören, meint er. Mir kommt es idiotisch vor, mit ihm Schluss zu machen, nur weil er nicht heiraten will. Wir führen ein ge-meinsames Leben und sind sehr glücklich zu-sammen. Er ist auch bereit, Kinder mit mir zu bekommen. Nur eben ohne Trauschein. In die-

sem Fall glaube ich nicht, dass er nicht auf mich
steht, sondern nur nicht aufs Heiraten.

Lindsey

Liebe Miss Gewohnheitsrecht,

okay, in diesem Punkt mag man geteilter Meinung sein, aber ich sage es trotzdem: Wie trau-
matisch eine Scheidung auch gewesen sein mag
(und ich weiß, dass sie das in geradezu epischem
Ausmaß sein kann), sollte die Liebe des Menschen, mit dem du den Rest deines Lebens verbringen und Kinder haben möchtest, für dich
groß genug sein, all das zu überwinden, wenn
dir eine Heirat am Herzen liegt. Niemand außer
dir kann entscheiden, ob eine Heirat notfalls ein
Trennungsgrund für dich ist. Ich kann dir nicht
sagen, ob du dich deswegen von ihm trennen
sollst, wenn ihr ansonsten glücklich miteinander seid. Das kannst nur du tun. Ich weiß nur
eines – ich würde meine Frau jederzeit wieder
heiraten, wenn sie sich das wünschen würde.

Die Ehe ist eine Tradition, die uns in gewisser Weise aufge-
zwungen wurde, deshalb wird sie von vielen Menschen kriti-
siert. Aber wie auch immer – wenn dein Partner gegen eine
Ehe ist, wohingegen du gern verheiratet wärst, finde bitte heraus, ob es in Wahrheit nicht um etwas ganz anderes geht als
darum, dass er gegen diese Institution ist.

Die uralte »Ich bin einfach noch nicht bereit dazu«-Ausrede

Lieber Greg,

ich bin mit einem Mann zusammen, seit ich dreiundzwanzig bin. Inzwischen bin ich achtundzwanzig, und seit etwa zwei Jahren reden wir über das Thema Hochzeit. Er meinte, er fühle sich noch nicht bereit dazu, also sind wir zusammengezogen, um ihm zu helfen, es zu werden. Neulich redeten wir wieder einmal darüber, und er meinte, er sei noch immer nicht bereit. Er hat mir vor Augen gehalten, wir seien doch noch jung und hätten jede Menge Zeit, deshalb bräuchte man das Ganze nicht zu überstürzen. In gewisser Hinsicht hat er ja Recht. Ich bin gerade mal achtundzwanzig, und heutzutage heiraten die Leute häufig erst, wenn sie älter sind. Und die Jungs brauchen eben länger als wir Mädchen, um erwachsen zu werden. Deshalb möchte ich gern Verständnis für seine Haltung haben, bin mir aber nicht sicher, wie lange ich noch warten soll. Braucht er noch mehr Zeit oder will er mich ganz einfach nicht heiraten?

Danielle

Liebe Miss Ich warte vor dem Altar,

er hat Recht. Wieso die Eile? Ihr seid doch erst seit fünf Jahren zusammen. Bestimmt kennt er dich nach zehn Jahren viel, viel besser. Und ihr habt doch alle Zeit der Welt, stimmt's? Nur für den Fall, dass er nach zehn Jahren Beziehung das Gefühl hat, immer noch nicht bereit zu sein. Ich sage es dir wirklich nicht gern, aber der Grund, weshalb er sich unter Druck gesetzt fühlt, ist folgender: Er ist sich nicht sicher, ob du die Richtige bist. Ja, meine Süße, ich weiß, das ist hart, aber es ist besser, wenn du es heute erfährst, als in zehn Jahren. Auf diese Weise kannst du entweder bei ihm bleiben und für deine Rolle als glückliche Ehefrau proben, oder du kannst dich auf den Weg machen und dir jemanden suchen, der kein Jahrzehnt oder gar zwei benötigt, um festzustellen, dass du das Beste bist, was ihm jemals passiert ist.

Ich bin nicht bereit. Das ist die am häufigsten verwendete Ausrede der Welt, aber sie scheint ihren Zweck jedes Mal zu erfüllen. Frauen warten mit Begeisterung darauf, dass ihre Männer bereit sind. Offenbar genießt ihr Frauen das, weil ihr es ständig tut. Was mir reichlich ironisch erscheint, da ihr schließlich diejenigen mit der tickenden biologischen Uhr seid. Hört mal, wir kennen alle dieses eine Paar, das seit fünf oder gar acht Jahren zusammen und noch immer nicht verheiratet ist. Wir wissen, dass solche Beziehungen nie gut enden. Wie wäre es also, wenn ihr aufhören würdet zu warten und anfangt, euch einen Kerl zu suchen, der es nicht erwarten kann, euch zu lieben.

Die »Er bräuchte eben ein besseres Vorbild«-Ausrede

Lieber Greg,

du bist so blöd. Mein Freund, du weißt schon, der Musikvideo-Regisseur ... er sagt, er glaube nicht an die Ehe. Aber ich weiß, dass nur seine durchgeknallte Mutter (sie hat echt eine Schraube locker, Greg) und diese kranke Ehe seiner Eltern schuld sind. Also achte ich nicht auf ihn, weil ich weiß, dass er schon noch früh genug herausfinden wird, dass ich nicht seine Mutter bin. Dann wird er mich fragen, ob ich ihn heiraten will. Außerdem bin ich im Moment sowieso noch nicht bereit für eine Ehe.

Nikki

Liebe Nikki,

es ist eine Schande, dass du noch nicht bereit bist, Mrs. Musikvideo Spielberg zu werden, denn dein Freund scheint ja alle Qualitäten zu besitzen, die für eine befriedigende, langfristige Bindung notwendig sind. Aber mal im Ernst – ich liebe Männer, die ihren Frauen unmissverständlich klarmachen, dass sie nichts von der Ehe halten. Ich meine, ohne jede Vorwarnung oder sonst etwas. Hör mal, Nikki, der einzige Gang, den dieser Kerl je in seinem Leben entlangschreiten wird, ist der, wenn er einen MTV Music Video Award entgegennimmt. Aber erinnere ihn ruhig weiter daran, dass du nicht seine Mutter bist. Du solltest das sogar regelmäßig tun, wieder und wieder. Er wird bestimmt begeistert sein.

Für einen netten, anständigen Mann ist es ein wichtiges Ereignis, wenn er die Frau findet, mit der er den Rest seines Lebens verbringen will. Wenn er sich seiner Sache ganz sicher ist, stehen die Chancen gut, dass er ihr nicht sofort sagen wird, dass ihn die Vorstellung, den Rest seiner Tage an ihrer Seite zu sein, abstößt. Behaupte ich einfach mal.

In Wahrheit ist es so einfach

Warum soll es eine fürchterliche, riesige Schmach sein, Ladys? Es ist völlig in Ordnung, mit einem Mann verheiratet sein zu wollen. Und es ist völlig in Ordnung, jemanden zu fragen, ob er diesen Wunsch ebenfalls hegt und sich vorstellen kann, ihn mit euch in die Tat umzusetzen. Ich sage es euch noch mal: Es gibt viele, viele Männer da draußen, die gern heiraten und es auch tun. Das ist der Grund, weshalb es so viele Blumengeschäfte, Pfarrer und Schneiderinnen gibt.

P.S. Verschwendet eure Zeit und euer Herz nicht für einen Mann, der euch zwingt, euch in irgendeiner Weise Gedanken über seine Gefühle für euch zu machen.

Warum ist dieser Punkt nur so schwierig?
von Liz

Eine Menge Leute halten eine Ehe für ausgemachten Blödsinn. Viele Frauen, Männer, Philosophen, Anthropologen, Psychologen, Feministinnen und Wissenschaftler glauben, wenn auch aus unterschiedlichen Gründen, eine Ehe sei eine altmodische, mit schwerwiegenden Makeln behaftete Institution, die zwangsläufig zum Scheitern verurteilt ist. Werft einen Vierteldollar in die Luft, und er wird garantiert jemandem auf den Kopf fallen, der mit Begeisterung irgendetwas Schlechtes über die Ehe zu erzählen weiß.

Okay, alles schön und gut. Aber ist das der Punkt, um den es hier wirklich geht? Ich denke, manchmal wollen Männer uns glauben machen, dies sei der springende Punkt. Machen wir uns nichts vor. Die Frage ist doch: Bringt er eine lahme, völlig durchsichtige Ausrede vor, um die Tatsache zu vertuschen, dass er sich keine gemeinsame Zukunft mit dir vorstellen kann?

Das ist die schwierige Frage. Und Frauen sind clevere Geschöpfe. Wenn sie nur ein einziges Mal aufhören würden, sich all die Ausreden anzuhören. Wenn sie aufhören würden, immer nur das zu glauben, von dem sie sich wünschen, es sei wahr, und von dem sie hoffen, es sei das, was er in Wahrheit damit sagen will. Würden sie sich stattdessen in Ruhe darauf konzentrieren, wüssten sie es. Frauen bemerken immer den Unterschied zwischen einem Mann, der seine Probleme mit der Institution der Ehe hat, aber ansonsten aus vollem Herzen hinter ihnen und ihrer Beziehung steht, und einem Kerl, der nur herumjammert.

Ein Aspekt dieses Themas ist jedoch wirklich schwierig. Man lässt sich allzu leicht dazu bringen, sich blöd vorzukommen, weil man gern verheiratet wäre, besonders wenn man mit einem Mann zusammen ist, der diesen Wunsch nicht hat. Ich meine, ihr beide seid doch so glücklich miteinander – weshalb also etwas an diesem Zustand ändern? Ihr lebt doch sowieso praktisch wie ein Ehepaar, wo liegt also das Problem? Was kümmert es dich, was deine Familie denkt – leben sie etwa unter deinem Dach? Nur weil alle deine Freundinnen heiraten, heißt das doch nicht automatisch, dass du das auch tun musst, oder? Meine Güte, das klingt ja, als spiele es keinerlei Rolle, wen du heiratest, sondern als gehe es nur darum, *verheiratet zu sein*.

All das sind erstklassige Argumente. Lasst uns den Tatsachen ins Auge blicken – in den letzten vier Jahrzehnten ist die Ehe nicht besonders gut weggekommen. Und, ehrlich gesagt, manche Frauen interessiert es doch *tatsächlich* nicht, mit wem sie verheiratet sind, sondern nur, dass sie einen Ehemann gefunden haben. Aber, wie gesagt, darum geht es hier nicht. Bevor man sich auf die soziopolitisch-anthropologische Diskussion über die Ehe als antiquiertes, finanzielles Konstrukt bla bla bla einlässt, muss man sich eine Reihe überaus ernster Fragen stellen. Fragen, die man nur in einem Zustand völliger geistiger Klarheit beantworten kann: Fühlst du dich wirklich geliebt? Hast du das Gefühl, dass er aus vollem Herzen hinter dir und eurer Beziehung steht? Hast du den Eindruck, dass er irgendwelche Zweifel daran hat, ein gemeinsames Leben mit dir aufzubauen? Lauten die Antworten auf diese Fragen Ja, Ja und Nein, dann lass dich auf erwähnte Debatte ein, denn es mag sein, dass er in gewisser Weise Recht hat. Wenn du aber ständig das Gefühl hast, er hält irgendetwas zurück, oder dass du eine Menge Energie darauf verwendest, dich in einen Menschen zu verwandeln, von dem du glaubst, er könnte ihn glücklicher machen, dann reich die Scheidung ein und pack deine Sachen. Lass nicht zu, dass du dir blöd vorkommst, nur weil du geliebt werden möchtest.

So macht man das
von Liz

Ich habe eine Freundin, deren Freund am anderen Ende des Landes gelebt hat und vor kurzem zu ihr gezogen ist. Neulich waren wir alle gemeinsam etwas trinken. Wir kamen auf das Thema Heiraten zu sprechen, und er hob zu einer hitzigen Schmährede über die Ehe an. Er ist in einer Umgebung aufgewachsen, in der die Leute unter einem fürchterlichen Druck standen, unter die Haube zu kommen, und hatte nie etwas anderes als unglückliche und unbefriedigende Ehen zu Gesicht bekommen. Meine Freundin war überrascht von seiner heftigen Reaktion und ziemlich durcheinander. Sie gehört nicht zu den Frauen, deren Herz an einer Ehe hängt, war aber immer davon ausgegangen, dass es eines Tages eine Option sein könnte. Sie dachte lange über dieses Thema nach und fand heraus, dass sie nur einen Wunsch hatte: Mit diesem Mann zusammen zu sein, der seinen Lebensmittelpunkt in ihren Teil des Landes verlegt hatte, um in ihrer Nähe sein zu können. Also arrangierte sie sich mit dem Gedanken, niemals verheiratet zu sein. Ein Jahr später machte er ihr einen Heiratsantrag, weil ihm klar geworden war, dass er sie von ganzem Herzen liebte, und wusste, dass es ihr wichtig war.

Ich hab's, Greg
von Sandy, 33

Ich war anderthalb Jahre mit meinem Freund zusammen, und einige Male war das Thema Heiraten zur Sprache gekommen. Eines Tages fiel mir auf, dass alle Gespräche, die wir darüber geführt hatten, immer nur von mir ausgegangen waren. »Klar«, sagte er, wann immer ich damit anfing, »du bist meine Seelenverwandte. Ich bin völlig verrückt nach dir. Ich liebe dich mehr, als ich jede andere Frau in meinem Leben geliebt habe bla bla bla.« Als ich ihn fragte: »Willst du mich heiraten?«, sagte er: »Ja, das würde ich gern.« Und mit einem Mal dämmerte es mir – ich hatte die Worte »Ich möchte dich heiraten« kein einziges Mal aus seinem Mund gehört. Noch an dem Tag, als mir diese Erkenntnis kam, habe ich mich von ihm getrennt. Ich brauche wohl nicht zu betonen, dass ich viel, viel glücklicher bin, nun da ich mit Männern ausgehe, die nach der ersten Woche zu mir sagen: »Wow! Ich kann nicht fassen, dass du nicht verheiratet bist! Du bist einfach klasse!«

FALLS IHR GREG NICHT GLAUBT

100 % der befragten Männer gaben an, sie hätten keinerlei Problem damit, eine Frau zu heiraten, von der sie sicher seien, dass sie die Liebe ihres Lebens ist. »Was für ein Schwachkopf hat schon ein Problem damit, die Liebe seines Lebens zu heiraten?«, meinte einer von ihnen sogar.

Was ihr aus diesem Kapitel gelernt haben solltet

▶ »Er will nicht heiraten« und »Er will mich nicht heiraten« sind zwei grundverschiedene Dinge. Findet heraus, in welche Kategorie euer Partner fällt.

▶ Wenn ihr unterschiedliche Ansichten über die Ehe habt, müsst ihr euch fragen, in welchen Punkten ihr sonst noch verschiedener Meinung seid. Zeit für eine kleine Bestandsaufnahme.

▶ Wenn ihr nicht das Gefühl habt, den anderen zu drängen, weshalb wartet ihr dann noch?

▶ Nikki spinnt.

▶ Irgendwo da draußen ist ein Mann, der dich gern heiraten will.

Unser supertolles, wirklich hilfreiches Arbeitsheft

Bitte schreib auf, wie lange es gedauert hat, bis du das erste Mal darüber nachgedacht hast, den Mann zu heiraten, mit dem du zusammen bist.

Schreib auf, wie lange es gedauert hat, bis du dir wirklich sicher warst.

Und jetzt sieh dir an, ob eine angemessene Zeitspanne zwischen diesen beiden Ereignissen liegt. Und dann sagst du dir, dass er keine gute Ausrede dafür parat hat, nicht ebenfalls zu dieser Erkenntnis gelangt zu sein.

8
Er steht einfach nicht auf dich ...
wenn er sich von dir trennt

Genau das ist mit »Ich will nicht mit dir ausgehen« gemeint.

Wir alle wollen geliebt und gebraucht werden, besonders von demjenigen, der uns abserviert hat. Ich verstehe das. Was könnte schöner sein, als aus dem Mund des Mannes, der einem gerade gesagt hat, er wolle nicht mehr, dass man Teil seines Lebens sei, die reumütigen Worte »Ich vermisse dich so sehr« zu hören? Es ist eine Bestätigung. Es ist aufregend. Es ist unwiderstehlich. Trotzdem musst du hart bleiben. Wenn er dich nicht anruft und dir sagt, er hätte gerade einen Umzugswagen organisiert, um all deine Sachen abzuholen und in sein Haus zurückzubringen, geh davon aus, dass du nichts anderes bist als ein hübsches weiches Kuschelkissen, das ihn über sein Gefühl der Einsamkeit und des Verlusts hinwegtröstet, mit dem er sich immer noch nicht selbst auseinandersetzen will.

Die »Aber er vermisst mich doch so«-Ausrede

Lieber Greg,

mein Freund und ich waren zwei Jahre zusammen, eines davon haben wir zusammengelebt. Nach einer Weile bekamen wir Probleme und stritten uns immer häufiger. Vor drei Wochen hat er mit mir Schluss gemacht, und ich bin aus unserer Wohnung ausgezogen. Natürlich bin ich am Boden zerstört. Das Problem ist, dass er mich jetzt pausenlos anruft und mit mir plaudern will. Er fragt mich nach meinen Freunden und will wissen, wie es meiner Familie geht. Er möchte nach wie vor auf dem Laufenden über mein Leben sein, genauso wie damals, als wir noch zusammen waren. Alle meine Freundinnen meinen, ich soll endlich aufhören, mit ihm zu reden, aber ich fehle ihm eben, und das gefällt mir. Ich vermisse ihn auch. Ich habe das Gefühl, wenn wir in Kontakt bleiben, wird ihn das daran erinnern, wie toll ich bin, und ihm wird klar werden, dass er wieder mit mir zusammen sein sollte. Wie denkst du darüber? Brenda

Liebe Miss Verwässerte Erinnerungen,

freut mich zu hören, dass er gern auf dem Laufenden über das Leben der Frau bleiben möchte, mit der er einmal zusammen war. Wer kann keinen Telefonfreund gebrauchen, besonders wenn er seine Partnerin verloren hat? Schick ihn in die Warteschleife und hör mir mal gut zu, mein Fräulein: Ein Mann, der will, dass seine Beziehung gut funktioniert, wird Berge versetzen, um die Frau zu halten, die er liebt. Es sollte nur einen Grund geben, weshalb er nicht anruft und dir sagt, dass er dich liebt und wieder zurückhaben will: Weil er unterwegs zu deiner neuen Wohnung ist, um es dir von Angesicht zu Angesicht zu sagen. Und es sollte nur einen Grund geben, weshalb er nicht versucht, dich nach allen Regeln der Kunst mit romantischen Abendessen, Blumen und Gedichten zu umgarnen: Weil er zu beschäftigt mit seinen Beziehungsratgebern und seinen Überlegungen ist, wie er seinen Fehler wiedergutmachen kann. Wenn er nichts von all dem tut, kann es durchaus sein, dass er dich liebt und dich vermisst, aber letzten Endes lässt es sich nicht leugnen, dass er einfach nicht auf dich steht. Hör auf, seine Anrufe entgegenzunehmen, und lass ihn endlich wissen, wie es wirklich ist, ohne dich leben zu müssen.

Ihr solltet euch nicht geschmeichelt fühlen, wenn ihr ihm fehlt. Denn ihr *solltet* ihm fehlen. Ihr seid Menschen, die von anderen schmerzlich vermisst werden. Trotzdem ist er immer noch derjenige, der euch abserviert hat. Vergesst nicht, ihr fehlt ihm nur aus einem einzigen Grund: Weil er beschließt, nicht mit euch zusammen zu sein. Und zwar jeden Tag aufs Neue.

Die »Aber das befreit uns von all dem Druck«-Ausrede

Lieber Greg,

ich war etwa einen Monat lang mit einem Mann zusammen. Er hat mit mir Schluss gemacht, mit dem Argument, er hätte nicht den Eindruck, es könnte sich etwas Ernstes zwischen uns entwickeln. Ich habe verstanden und es ganz ruhig aufgenommen. Er wollte wissen, ob wir uns noch als Freunde treffen könnten. Klar, habe ich gesagt. Und jetzt treffen wir uns, unternehmen etwas, danach gehen wir zu ihm und haben Sex – genauso wie damals, als wir noch zusammen waren. (Nur dass wir mittlerweile eben offiziell »getrennt« sind.) Er ist echt süß, und ich schlafe sehr gern mit ihm. Ich gehe davon aus, dass er auch mich mag, wenn er nicht aufhören kann, in meiner Nähe zu sein. Und eigentlich finde ich es sogar cool – all der Druck ist weg, wir amüsieren uns prächtig miteinander. Ich habe beschlossen, es gut zu finden, wie es im Moment läuft, und seine Aufmerksamkeit lieber nicht auf die Tatsache zu lenken, dass wir in Wahrheit zusammen sind. Abgesehen davon, dass wir getrennt sind.

Cheryl Lynn

Liebe Miss Breaking up is easy to do,

meine Güte, dieser Kerl ist wirklich brillant. Er geht mit dir aus, ist mit dir zusammen, trennt sich von dir, schläft dann aber weiterhin mit dir, was ihn im Grunde von jeder Verantwortung deinen Gefühlen gegenüber entbindet. Schließlich seid ihr ja nicht mehr zusammen. Es ist genial! Es ist teuflisch! *Er* sollte einen Beziehungsratgeber schreiben, nicht wir! Ehrlich gesagt, könnte der Kerl mit seiner Strategie Kult werden, wenn er wollte. Nur fürs Protokoll – dieser Kerl mag dich nicht so gern, dass er »nicht aufhören kann, in deiner Nähe zu sein«. Denn ich will dir sagen, was ein Mann tut, wenn er nicht ohne eine Frau leben kann: Er trennt sich gar nicht erst von ihr! Dieser Kerl steht so was von eindeutig nicht auf dich! Du hast nur eine Möglichkeit herauszufinden, wie wichtig du dir selbst bist – nämlich, dir selbst zu beweisen, wie schnell du ihn in die Wüste schicken kannst.

Wenn man unbedingt mit jemandem zusammen sein will, ist es sehr verführerisch, sich mit weniger zufriedenzugeben, sogar mit sehr viel weniger – ja, selbst einem jämmerlichen Abklatsch von NICHTS –, als man jemals für möglich gehalten hätte. Ladys, bitte, behaltet euer Ziel im Auge. Vergesst niemals, was ihr euch vorgestellt habt, und lasst euch nicht mit weniger abspeisen. Wenn ihr es nicht für euch tun könnt, tut es wenigstens für die anderen: Diese Männer sind nur lebensfähig, weil es so viele Frauen gibt, die ihnen ihr Verhalten durchgehen lassen.

Die »Aber alle anderen tun es doch auch«-Ausrede

Lieber Greg,

ja. Trennungssex. Es war echt heiß. Emotinal. Unglaublich. Ich leide wie ein Hund, ich liebe ihn und kann einfach nicht damit aufhören. Ich dachte, man darf Sex nach der Trennung haben, aber jetzt bin ich völlig durch den Wind. Hilfe!   Ileen

Liebe Miss Wenn du es sowieso weißt, was hast du dann noch in seinem Apartment zu suchen?,

hey, Mädchen. Lass den Penis los, zieh dich an und fahr auf dem schnellsten Weg zu deiner besten Freundin. Finde keine Ausrede, bei ihm zu bleiben. Und glaub bloß nicht, dass ihr wieder zusammen sein solltet, nur weil du so eine verrückt heiße Nummer mit ihm erlebt hast. Ja, auf den ersten Blick scheint Trennungssex eine gute Idee zu sein, weil, hey, es eben nett ist, mit jemandem zu schlafen, den man gut kennt. Und es ist nett, mit jemandem ins Bett zu gehen, dem man all diese dramatischen Gefühle entgegenbringt. Das macht das Ganze so, na ja, *dramatisch* eben. Aber jetzt weißt du es ja. Es schafft nur Verwirrung und ist schuld daran, dass du dich miserabel fühlst, denn sieh den Tatsachen ins Auge: Du bist eine Frau, und Frauen können Sex und Gefühle nun mal nicht trennen. (Wie oft muss ich denn das

noch sagen? Ich klinge schon wie ein Volltrottel!)
Also brauchst du diesen Fehler jetzt nie wieder zu
begehen. Klar? Er steht einfach nicht auf dich,
sondern nur darauf, eine ganz-schlechte-Idee-
als-gute-Idee-zu-tarnen, Trennungssex. Ende der
Durchsage.

Ihr solltet die Macht von Sex nicht unterschätzen, selbst mit
jemandem, mit dem ihr lange, lange Zeit welchen hattet. *Ganz
besonders* mit jemandem, mit dem ihr es lange, lange Zeit getan habt. Sich zu trennen bedeutet, sich nicht mehr zu sehen
(wozu auch gehört, einander nicht mehr in unbekleidetem Zustand zu sehen). Es mag eine Versuchung darstellen, diese
Perle der Weisheit zu vergessen, aber vergesst nicht – es heißt
noch immer Trennungssex. Und musste bisher noch nicht in
Oh-mein-Gott-der-Sex-war-so-unglaublich-dass-wir-wieder-
zusammenkamen-und-seither-glücklich-miteinander-leben-
bis-dass-der-Tod-uns-scheidet-Sex umbenannt werden.

Die »Aber dann will er, dass wir uns wieder versöhnen«-Ausrede

Lieber Greg,
   ich habe einen Freund, der ständig mit mir
Schluss macht. Aber dann ruft er mich wieder
an und bettelt, ich solle zu ihm zurückkommen.
Jedes Mal erzählt er mir, wie sehr er mich ver-

misse und dass er einen schrecklichen Fehler begangen habe. Das habe ich jetzt dreimal hinter mir, immer im Abstand von sechs Monaten. Ich hasse es, versöhne mich aber trotzdem jedes Mal wieder mit ihm, weil ich ihn liebe. Und ständig sage ich mir, dass er doch auf mich stehen muss, wenn er immer wieder zu mir zurückkommt, oder etwa nicht?

Christina

Liebe Jojo-Meisterin,

witzig, dass dir auffällt, wie oft dein Freund nach der Trennung wieder bei dir angekrochen kommt, während mir ins Auge sticht, wie viele Male er dir schon gesagt hat, dass er dich nicht wiedersehen will. Wir kommen beide auf dieselbe Zahl – drei –, aber ich würde jederzeit darauf wetten, dass das nicht das letzte Mal war. Denn traurigerweise tut dein Freund während eurer Beziehungspause immer dasselbe: Er sieht sich nach etwas Besserem um, und wenn er nichts findet, fühlt er sich einsam und kehrt »nach Hause« zurück. Und zwar nicht, weil er so auf dich steht, sondern weil er nicht darauf steht, allein zu sein. Gib ihm nicht die Chance, dich noch ein viertes Mal abzuservieren. (Mein Gott, selbst die Vorstellung klingt doch, als wäre sie unter deiner Würde, oder?) Stell dein Trennungsmaximum wieder auf »1« und such dir jemand anderen.

Der Entschluss, sich mit jemandem zu versöhnen, ist eine komplexe und heikle Angelegenheit. Vergesst nicht, dass der Mensch, mit dem ihr euch ein zweites Mal einlasst, derselbe ist, der vor nicht allzu langer Zeit in euer hübsches Gesicht gesehen, euch und all eure Qualitäten einer Bestandsaufnahme unterzogen und euch dann gesagt hat, er hätte keine Verwendung mehr für euch. Wenn nicht eine Hand voll Aliens euren Liebsten in ihre Gewalt gebracht und sein Gehirn durch das eines Mannes ersetzt haben, der wirklich auf euch steht, solltet ihr die Alternative im Hinterkopf behalten, dass er sich vielleicht nur ein klein wenig einsam fühlt.

Die »Aber ich bin eben so verdammt nett«-Ausrede

Lieber Greg,

mein Freund und ich haben uns vor einer Woche getrennt. (Er hat mit mir Schluss gemacht.) Jetzt fährt er zu seiner Mutter, die gerade eine Operation hinter sich hat, und ich habe mich bereit erklärt, mich um seine beiden Katzen zu kümmern, die ich sehr liebe. Er war einverstanden. Ich glaube, er war sehr beeindruckt und gerührt, dass ich so gut mit der Trennung zurechtkomme. Meine Freunde halten mich für jämmerlich, ich aber finde ihre Haltung kleinlich. Immerhin waren wir drei Jahre zusammen, da kann ich doch nicht mit einem Mal so tun, als wären er und seine Katzen (die absolut göttlich sind) mir vollkommen egal.

Dana

Liebe Katzenfreundin,

versuch es nicht mal! Ich habe dich durchschaut. Wenn er in drei Jahren nicht darauf gekommen ist, dass du die Frau bist, die ihm den Himmel auf Erden beschert, werden ein paar Dosen Katzenfutter das auch nicht schaffen. Wie wäre es also, wenn du ihn mithilfe eines chirurgischen Eingriffs aus deinem Leben entfernst, sobald er von seinem Besuch bei seiner frisch operierten Mutter zurückkommt? Gib ihm die Hausschlüssel und die Nummer der Katzenpension mit der hübschesten Anzeige in den Gelben Seiten. Jede darüber hinausgehende Aktivität macht dich nicht wieder zu seiner Freundin, sondern degradiert dich lediglich zu seiner Hausangestellten.

Ihr solltet »Klasse zeigen« nicht mit »sich zum Fußabstreifer machen« verwechseln. Klasse bedeutet, hoch erhobenen Hauptes und voller Anmut seiner Wege zu gehen, und zwar mit einem Höchstmaß an Würde. Das Angebot, ihn zur Wurzelbehandlung beim Zahnarzt zu fahren, fällt hingegen in die Fußabstreifer-Kategorie.

Die »Ich akzeptiere diese Trennung nicht«-Ausrede

Lieber Greg,

okay, mein Musikvideo-Freund hat mit mir Schluss gemacht, weil er ein Arschloch ist, aber ich habe noch einige seiner Sachen in meinem Apartment und werde sie ihm nicht zurückgeben, weil ich weiß, dass er es sich noch mal überlegen wird. Außerdem rufe ich ihn ständig an und versuche, ihn dazu zu bewegen, seine Meinung zu ändern. Was er ganz bestimmt tun wird, weil ich weiß, dass er mich wirklich liebt und es nicht so meint, aber ihn interessiert nur, dass er seinen dämlichen Palm-Organizer zurückbekommt. Ein Mann sagt doch nicht all die netten Dinge, die er zu mir gesagt hat, nimmt einen zu all diesen coolen Partys mit, stellt einen all seinen coolen Freunden vor und überlegt es sich dann plötzlich anders. Kein Mensch steht doch am einen Tag wirklich, wirklich auf jemanden, wacht am nächsten Tag auf und will nicht mehr mit demjenigen zusammen sein. Ich bin so am Boden zerstört, weil ich ihn wirklich, wirklich liebe. Vielleicht glaubst du mir das jetzt nicht, Greg, aber ich habe ihn wirklich geliebt. Ich war wahnsinnig gern mit ihm zusammen, und jetzt komme ich kaum aus dem Bett, weil ich ständig so schrecklich weinen muss. Er hat einfach nur schlechte Laune, und ich werde ihm nicht glauben. Nikki

Liebe Nikki,

tut mir leid, dass du abserviert worden bist. Ich kann nicht behaupten, ich hätte es nicht kommen sehen, aber jetzt ist nicht der richtige Zeitpunkt für Hohn und Spott. Als Erstes musst du unbedingt mit diesem Psychoterror aufhören. Jemanden pausenlos anzurufen und seine Sachen nicht herauszurücken ist keine gute Methode, einen Mann zurückzugewinnen. Im Gegenteil – es ist sogar der beste Weg, um die »Was habe ich jemals an dieser durchgeknallten Ziege gefunden?«-Frage heraufzubeschwören. Was ist nur aus dieser selbstbewussten, willensstarken Frau geworden? Hat sie sich auf eine selbstmitleidige Verrückte reduzieren lassen? Nein, hat sie nicht, also hör auf damit, Nikki. Manchmal ändern Menschen eben ihre Meinung, manchmal lernen sie jemand anderen kennen, manchmal werden sie nüchtern (immerhin hat er exzessiv getrunken), und manchmal hatte man einfach nur einen Mistkerl an seiner Seite, von dem man froh sein kann, dass man ihn wieder los ist (nicht dass mir ein Urteil zustünde). Aber das spielt keine Rolle, denn du wirst ihn nicht dazu bewegen können, seine Meinung zu ändern. Oh, Nikki, bitte reiß dich zusammen, denn irgendwann später wird dir nicht die Tatsache zusetzen, dass du diesen exzessiven-Trinker-der-nie-im-Leben-heiraten-wollte-und-zu-beschäftigt-und-egoistisch-für-dich-war verloren hast, sondern dein Verhalten während der Trennung. Ich schwöre.

Eine Grundsatzregel, Ladys: Immer Klasse zeigen. Und nie die Verrückte spielen. Okay, in Wahrheit sind es zwei Regeln, aber glaubt mir, ihr werdet es nicht bereuen, wenn ihr sie beachtet. Zumindest wird euch diese Regel vor der schrecklichen Erinnerung bewahren, wie ihr seine Kleider in zwei Teile zerschnitten oder seinen Hund am Straßenrand ausgesetzt habt.

In Wahrheit ist es so einfach

Ein Mann sagt, dass er nicht mehr mit euch zusammen sein will. Manchmal wird ihm später klar, dass er den größten Fehler seines Lebens begangen hat. Und manchmal ist es eben nicht so. Aber wie auch immer – eure Aufgabe besteht darin, euer Leben in die Hand zu nehmen, und zwar so schnell wie möglich. Er kann euch immer noch nachlaufen, während ihr bereits den Block entlanggeht. Und denkt daran, falls er das tut, sollten seine Worte folgendermaßen lauten: »Ich möchte wieder mit dir zusammen sein.« »Lass uns eine Paarberatung machen.« »Lass es uns noch einmal miteinander versuchen.« »Du fehlst mir. Ich habe einen Fehler gemacht. Ich möchte mit dir zusammen sein.« Und das sollte er nicht sagen: »Führst du meinen Hund spazieren?« »Ich wollte nur mal kurz hören, wie es dir geht.« »Hast du Lust, dir diesen Film anzusehen?« oder »Begleitest du mich zur Hochzeit meines Cousins George?«

Warum ist dieser Punkt nur so schwierig?
von Liz

Oh, Mann, keine Ahnung, warum dieser Punkt so schwierig ist. Wie wär's damit: Weil es nicht einfach ist, jemanden zu lieben, mit ihm zusammen zu sein, seine Familie und Freunde und jeden Zentimeter seines Körpers zu kennen, ihn jeden Tag nackt zu sehen, nie vorher so empfunden zu haben, sich zu fühlen, als hätte sich das ganze Leben mit einem Schlag zum Besseren gewandelt, Stunden, Tage und Wochen damit zu verbringen, in glücklichen Erinnerungen zu schwelgen und zu glauben, man verbringe den Rest seines Lebens zusammen, nur um dann feststellen zu müssen, dass er dich nicht mehr sehen will ... und zwar morgen.

Dann ist es also verkehrt, zu bleiben und auf ein Zeichen zu warten, auf einen Silberstreifen am Horizont, einen winzigen Hoffnungsschimmer, dass er es sich vielleicht doch noch anders überlegt? Dass er zur Vernunft gekommen und ihm klar geworden ist, dass du das Beste bist, was ihm jemals widerfahren ist. Dass niemand besser für ihn sein kann als du, dass er niemanden finden wird, mit dem er eine so tief gehende Bindung aufbauen kann und der ihn so gut versteht wie du? Ist es so falsch, weiterhin mit ihm zu reden, ihn zu treffen, Kekse für ihn zu backen, Geschenke zu kaufen, ihm CDs zu brennen, seine Fische zu füttern, mit seinen Eltern zu plaudern, seine Freunde anzurufen, unerlaubterweise seinen Anrufbeantworter abzuhören ... war nur ein Scherz. Aber mal im Ernst, ist es so verkehrt, eine Trennung in stilvoller, reifer und liebevoller Weise zu vollziehen, bei der man nach wie vor in

Kontakt steht, miteinander redet, freundlich bleibt und sich bei Gelegenheit sogar gemeinsam einen Film ansieht? Und wäre es so schrecklich, wenn das Nebenprodukt dieses stilvollen Verhaltens darin bestünde, dass er zur Vernunft kommt und ihm klar wird, dass du das Beste bist, das ihm jemals widerfahren ist? Wäre das wirklich so schlimm?

Ich glaube nicht. In meinen Augen ist es eine kluge und mutige Idee, eine hervorragende Mischung aus Raffinesse und Reife. Ich kann nicht fassen, dass sie in der Geschichte der Menschheit und damit auch der Trennungen nie funktioniert hat. Was stimmt nur mit diesen Männern nicht?

Gut. Trennungen sollen so ablaufen, habe ich gehört. Schlussstriche. Ein klares, unumstößliches Aus. Keine Gespräche, keine Treffen, keine Berührungen … jeder behält seine Hände bei sich. Die Beziehung ist beendet. Die Hälfte der Leute, die ich kenne, ziehen nach einer großen Trennung um, was auch durchaus logisch ist. Wie gesagt, im Grunde wissen wir es ja alle. Man soll nicht mit dem Mann ins Bett gehen, der einem vor gerade mal einer Woche das Herz gebrochen hat. Okay. Aber was sollen wir stattdessen tun? Wie sollen wir unsere Zeit verbringen, wenn nicht mit irgendwelchen Versuchen, ihn zurückzugewinnen, hmm?

Gut. Wenn es bei mir das nächste Mal wieder so weit ist, weine ich einfach. Ich bleibe im Bett und heule. Oder gehe ins Fitnessstudio, wenn ich mich aufraffen kann. Rufe all meine Freunde an und lade meinen Kummer bei ihnen ab. Schlafe zu viel. Heule noch eine Weile. Suche häufiger meinen Therapeuten auf. Lege mir ein Haustier zu. Tue alles, was ich tun muss, um am Ende mein Leben allein weiterzuleben.

Gut. Du sollst deine Strategie haben, Greg. Obwohl ich immer noch glaube, dass meine funktionieren könnte.

So macht man das
von Liz

Ich kenne ein Paar, das viele Jahre zusammen war und sich schließlich getrennt hat. Sie hatten viele gemeinsame Freunde, denen diese Trennung sehr zu Herzen ging. Fünf Jahre später haben sie wieder zueinander gefunden und sind inzwischen glücklich verheiratet. Während ihrer Trennung gab es weder Treffen noch Telefonate. Keine Quälereien, keine Verwirrung, keine Verletzungen. Jeder hat sich um sein eigenes Leben gekümmert, ist für sich erwachsen geworden. Und erst dann, viel später, wurde ihnen bewusst, dass sie wieder zusammen sein könnten.

Ich hab's, Greg
von Callie, 26

Kürzlich habe ich meinem Exfreund erzählt, dass ich wieder mit Männern ausgehe. Unsere Trennung liegt sechs Monate zurück, und jetzt werde ich ihn nicht mehr los! Er ruft mich ständig an, erinnert mich daran, dass ich Post bei ihm abholen soll, und fragt mich, ob ich mit ihm ins Kino gehen will. Ich will nicht lügen – ich genieße diese Aufmerksamkeit. Aber weißt du was? Jetzt ist mir klar, dass all das nicht echt ist. Er fragt nicht, ob ich wieder mit ihm zusammen sein möchte. Stattdessen ist er nur eifersüchtig. Früher hätte mich sein Verhalten vielleicht Hoffnung schöpfen lassen, heute kann ich darüber nur lachen. Männer sind so durchschaubar.

FALLS IHR GREG NICHT GLAUBT

100 % der befragten Männer gaben an, bei der Trennung von einer Partnerin stets auch gemeint zu haben, dass sie nicht mehr mit ihr zusammen sein wollten.

(Einer fragte sogar: »Wie kann man tollen Trennungssex haben, ohne vorher Schluss gemacht zu haben?« Geht auf keinen Fall mit diesem Kerl aus!)

Was ihr aus diesem Kapitel gelernt haben solltet

▶ Man kann sich eine Trennung nicht schönreden. So etwas steht nicht zur Diskussion. Eine Trennung ist ein endgültiger Schritt, keine demokratische Entscheidung.

▶ Sex nach der Trennung bedeutet nach wie vor, dass du von ihm getrennt bist.

▶ Schieb ihn aufs Abstellgleis. Gib ihm Gelegenheit, dich zu vermissen.

▶ Er braucht nicht daran erinnert zu werden, dass du toll bist.

▶ Er kann sich sehr gut allein um seine Katze kümmern.

▶ »Stilvoll« bedeutet nicht »unerlaubterweise seinen Anrufbeantworter abhören«.

▶ Da draußen gibt es einen Mann, der überglücklich sein wird, dass du dich nicht mit deinem dämlichen Exfreund versöhnt hast.

Unser supertolles,
wirklich hilfreiches Arbeitsheft

Oh Gott, das ist wirklich abgefahren! Wir haben das hier auf dem Boden gefunden, als wir dieses Buch geschrieben haben. Es ist von deinem zukünftigen Freund. Ist das nicht ein irrer Zufall?

Hey, Spitzenfrau,

ich kann es gar nicht erwarten, bis du über diesen Kerl hinweg bist, mit dem du zusammen warst. Klingt, als wäre er ein echter Mistkerl. Du bist viel zu süß, um lang allein zu sein.

Los, finde mich. Ich bin hier und warte auf dich.

Dein Mann der Zukunft

9
Er steht einfach nicht auf dich …
wenn er sich ohne Vorwarnung verdrückt

Manchmal muss man ganz allein mit etwas abschließen.

Er ist weg. Puff. Einfach verschwunden. Wie vom Erdboden verschluckt. Tja, hier ist die Botschaft unmissverständlich. Er hat klargemacht, dass er nicht einmal so auf dich steht, dass du ihm ein gelbes Post-it wert bist. In diesem Fall bist du vielleicht nicht ganz so schnell dabei, dir eine Ausrede für sein Verhalten zurechtzulegen. So etwas ist so schmerzhaft, dass man unmöglich nicht verletzt oder wütend sein kann. Aber genau aus diesem Grund bist du vielleicht in Versuchung, dir eine Ausrede für dich selbst zusammenzubasteln. Du hast einen plausiblen Grund, warum du Unmengen an Energie in die Lösung des *Rätsels um den Verschwundenen Mann* stecken musst. Aber all diese Ausreden, so zutreffend sie auch sein mögen, werden dir auf lange Sicht nicht helfen. Denn der einzige Teil der Geschichte, den du im Hinterkopf behalten solltest, ist der, dass er nicht mehr mit dir zusammen sein möchte. Und dass er schlicht und ergreifend nicht genug Mumm in den Knochen hatte, es dir ins Gesicht zu sagen. Fall abgeschlossen.

Die »Vielleicht ist er ja tot«-Ausrede

Lieber Greg,

ich hatte eine kurze Affäre mit einem echt süßen Franzosen. Wir haben uns prächtig amüsiert, aber es hat sich auch angefühlt, als könnte etwas mehr daraus werden. Dann ist er nach Frankreich zurückgekehrt, und wir fingen an, uns E-Mails zu schicken. Es war sehr süß und romantisch. Schlagartig, nach einer Mail von mir, hat er aufgehört, mir zu schreiben. Das ist jetzt zwei Wochen her. Greg, vielleicht ist ihm etwas zugestoßen. Vielleicht hat er meine letzte Mail nicht bekommen. Oder ich habe etwas geschrieben, das ihn verärgert hat. Ich finde den Gedanken entsetzlich, dass ich nie wieder etwas von ihm hören werde. Das ist so brutal. Kann ich ihm nicht noch mal schreiben, nur als letzten Versuch, Kontakt aufzunehmen?　　　　　Nora

Liebe Miss Abschied auf Französisch,

ja, natürlich kannst du ihm noch eine Mail schicken, wenn du ihm Gelegenheit geben willst, dich ein zweites Mal zurückzuweisen. Könnte er von einem Pommes-frites-Laster überrollt worden sein und im Krankenhaus liegen? Ist das der Grund für sein Verschwinden? Klar. Aber ich muss sagen, nach dem Gesetz der Wahrscheinlichkeit ist es eher denkbar, dass er jemand anderen kennen gelernt oder festgestellt hat, dass diese Beziehung auf Distanz doch nicht das Richtige für ihn ist, oder dass du schlicht und ergreifend nicht sein amerikanisches Dreamgirl bist. Wenn du ihm aber schreiben und ihn herzlich einladen willst, dir noch einmal die Tür vor der Nase zuzuschlagen (für den Fall, dass mit einer Wahrscheinlichkeit von 0,0001 % sein Telefon kaputt oder sein E-Mailprogramm abgestürzt ist und er all deine Daten verloren hat), nur zu. Aber sag nachher nicht, ich hätte dich nicht gewarnt.

Es gibt nichts Schlimmeres als keine Antwort, sei es nun in geschäftlichen, in freundschaftlichen, vor allem aber in romantischen Beziehungen. Die schlechte Nachricht ist, dass keine Antwort deine Antwort ist. Er hätte dir keinen Abschiedsbrief zu schreiben brauchen, sein Schweigen ist ebenfalls ein ohrenbetäubendes »Tschüs«. Der einzige Grund, jemals wieder Kontakt zu ihm aufzunehmen, ist, ihm die Chance zu geben, es noch lauter zu sagen, diesmal mit Worten. Und habt ihr es schon vergessen? Für so etwas seid ihr viel zu beschäftigt und zu beliebt.

Die »Aber kann ich ihn nicht wenigstens anschreien?«-Ausrede

Lieber Greg,
ich war drei Monate mit einem Mann zusammen. Das Ganze sah nach etwas ziemlich Erns-

tem aus, aber auf einmal ist er verschwunden. Tagelang habe ich nichts von ihm gehört. Ich habe mir Sorgen gemacht, also habe ich seinen besten Freund angerufen, der mir erzählt hat, mein Partner hätte sich mit seiner Exfreundin versöhnt und sei wieder bei ihr eingezogen. Mir ist klar, dass er nicht ernsthaft auf mich stand, aber habe ich nicht wenigstens das Recht herauszufinden, wie er mir so etwas antun konnte? Habe ich nicht das Recht, dafür zu sorgen, dass er nicht ungeschoren davonkommt?

Renee

Liebe Miss Lass es einfach gut sein,

klar. Aber soll ich dir etwas sagen? Er weiß, dass du sauer bist. Er ist ein absolutes Arschloch, aber kein Idiot. Er hat das Ganze im Geiste längst durchgespielt. Das ist ja der Grund für sein klammheimliches Verschwinden. Was er allerdings nicht weiß, ist, wie schnell du über ihn und sein schlechtes Benehmen hinwegkommst. Und genau das zeigst du ihm, indem du nie wieder ein Wort mit ihm und seinen Freunden wechselst. Nie wieder.

P.S. Und er kommt überhaupt nicht ungeschoren davon. Wo immer er hingeht, er wird immer dasselbe Arschloch sein.

Kurzfristig mag es eine Genugtuung sein, ihn anzurufen und anzuschreien, aber auf lange Sicht werdet ihr euch wünschen, es ihm niemals als Verdienst angerechnet zu haben, dass er euer Leben ruiniert hat. Oder auch nur euren Tag. Soll jemand anderes seine Energie damit vergeuden. Mag sein, dass es für euch aussieht, als würdet ihr ihn »davonkommen lassen«, aber glaubt mir, nichts, was ihr ihm sagen könntet, ist ihm neu. Und ihr habt sinnvollere Dinge mit eurer Zeit anzufangen.

Die »Aber ich will doch nur eine Antwort«-Ausrede

Lieber Greg,

ich bin mit meinem Freund, mit dem ich sechs Monate zusammen war, nach Kalifornien gereist. Wir hatten eine tolle Zeit. Nach unserer Rückkehr fuhr er zu seiner Familie nach Boston. Als ich ihn anrief, um zu sehen, wie es ihm geht, meinte seine Mutter, er wäre zu seiner Freundin nach Florida gefahren. Ich habe nie wieder etwas von ihm gehört. Wie niederschmetternd! Ich glaube, die einzige Möglichkeit, meinen Gefühlen und der Beziehung gerecht zu werden, ist, mit ihm zu reden und herauszufinden, was passiert ist. Was ist so falsch daran?

Liza

Liebe Zitronenhändlerin,

verdienst du zu wissen, was passiert ist? Ja. Aber du hast Glück, denn ich kann es dir verraten. *Du warst mit dem miesesten Typen aller Zeiten zusammen.* Was könnte er dir wohl sagen, damit eine hübsche große Glühbirne über deinem Kopf aufleuchtet und du erfreut rufst: »Oh, *das* ist also der Grund, weshalb mein Freund mich ohne ein Wort verlassen hat und einfach nach Florida abgehauen ist?« Nichts aus seinem Mund könnte eine befriedigende Erklärung für dich sein. Das einzig Befriedigende für dich ist, keinen Funken Energie mehr auf ihn zu verschwenden. Du hast in eine Zitrone gebissen. Wirf sie weg. Zitronenlimo wird ohnehin überbewertet.

P.S. Wenn ich jemals nach Florida komme, trete ich ihm in den Hintern.

Manchmal legt ein Mensch ein so widerwärtiges Verhalten an den Tag, dass er keinen Zweifel daran lässt, wie man darauf reagieren sollte. Der große Fehler in einer Situation wie dieser ist, dass man sich diesen Menschen überhaupt ausgesucht hat. Und die einfachste Möglichkeit, diesen Fehler wiedergutzumachen, besteht darin, aus diesem Fehlgriff zu lernen, das Ganze so schnell wie möglich hinter sich zu lassen und darauf zu achten, in Zukunft klügere Entscheidungen zu treffen. Und zwar schnell, bevor man noch mehr von seiner kostbaren Zeit verschwendet.

In Wahrheit ist es so einfach

Der Grund, weshalb es so schmerzlich ist, wenn jemand ohne jede Vorwarnung verschwindet, ist die Konfrontation mit der Tatsache, dass sich der geliebte Mensch wahrscheinlich nicht erst an dem Tag von einem verabschiedet hat, als er seinen Mantel genommen und das Weite gesucht hat, sondern schon viel früher. Die Erkenntnis, dass er einen in gewisser Weise bereits vor seinem Verschwinden belogen hat, ist wirklich hart. Aber fragt euch nicht, was ihr verkehrt gemacht habt oder wie ihr euch hättet anders verhalten können. Verschwendet euer wertvolles Herzblut nicht darauf herauszufinden, was ihn zu diesem Verhalten veranlasst hat. Oder mit Grübeleien über all die Dinge, die er gesagt hat, und der Frage, ob es damals die Wahrheit oder eine Lüge war. Das einzig Wichtige ist, dass es in Wahrheit eine gute Nachricht ist: Er ist weg. Halleluja. Du bist Geschichte, Feigling.

Warum ist dieser Punkt nur so schwierig?
von Liz

Heiliger Strohsack, dieser Punkt ist absolut *unmöglich*. Er ist *verschwunden*. Er hat ohne Vorwarnung, aus heiterem Himmel aufgehört anzurufen, zu schreiben oder sich mit einem zu treffen. Obwohl man glaubte, in etwas zu stecken, was landläufig als »Beziehung« bezeichnet wird. Man war sich sicher, dass das, was einen verband, zumindest den Hauch einer Erklärung gewährleistete, wenn einer der Partner zu dem Schluss gelangte, das Ganze zu beenden. Stattdessen herrscht Stille. Keine Erklärung, kein Wort des Abschieds. Einfach nur Leere. Im Hinblick auf Beziehungen gibt es nichts Schlimmeres, *absolut nichts*, als das flaue Gefühl, das sich im Magen ausbreitet, wenn es den Anschein hat, als hätte der Mann, mit dem man sich regelmäßig traf oder den man etwas besser kannte, beschlossen, die Kurve zu kratzen, statt mit einem darüber zu reden. *Nichts Schlimmeres.*

Am Anfang ist man verletzt. Doch dann kommt das Gefühl der Hilflosigkeit, der vollkommenen, unüberwindlichen Hilflosigkeit. Er ist einfach verschwunden und gibt einem damit das Gefühl, nicht den geringsten Wert oder die geringste Bedeutung für ihn zu besitzen. Vielleicht ist man auch schockiert, denn möglicherweise hat er sich noch nie vorher so verhalten. Also ist man nun auch unsagbar enttäuscht. »Wirklich? Jetzt darf ich ihn nicht mehr mögen? Muss ich ihn jetzt für einen Mistkerl halten? Das ist also von unserer Beziehung geblieben? Es muss doch irgendeine vernünftige Erklärung geben.« Und dann fängt man an, unendlich viel Energie und Zeit auf diesen Kerl zu verschwenden und sich Ausreden für sein Verschwinden zu überlegen (er ist beschäftigt, er ist beschäftigt… und vielleicht ist er ja beschäftigt), immer noch in der Hoffnung, dass er wieder zur Vernunft kommt und einem wenigstens eine E-Mail schickt. Als Nächstes geht man systematisch alles durch, was man gesagt, getan oder geschrieben hat, das ihn vergrault haben könnte. Was hat so unangebracht oder drängend geklungen, dass ihm keine andere Wahl blieb, als die Beine in die Hand zu nehmen? Man gibt sich selbst die Schuld für einen vermeintlichen strategischen Fehltritt. »Hätte ich doch nur besser aufgepasst. Dann wäre er immer noch bei mir!« Oder, das ist die einfachere Variante, man ist besorgt, er könnte irgendwo tot am Straßenrand liegen. Warum sonst sollte er so urplötzlich verschwinden?

Als Nächstes kommt die Phase, in der man ihn am liebsten anrufen und ihm etwas an den Kopf werfen möchte. Oder ihm schreiben. Man ist entweder wütend oder verletzt oder klammert sich an die Hoffnung, er liege in irgendeinem Krankenhaus im Koma. Doch wie auch immer die Empfindung aussehen mag – man geht definitiv davon aus, das Recht zu haben, ihn anschreien oder herausfinden zu dürfen, was passiert ist. Was ist noch schlimmer als die Ungewissheit? Nichts. Nur vielleicht die Tatsache, ihm nicht die Meinung geigen zu dürfen.

Greg würde sagen, die beste Rache in dieser Situation ist nicht Wut, sondern emotionale Distanz, und zwar so schnell wie möglich. Greg würde auch sagen, dass wir die Antwort doch bereits kennen: Er wollte nicht bei uns bleiben, war aber nicht Manns genug, es uns ins Gesicht zu sagen. Ist das Antwort genug? »Nein, eigentlich nicht«, würde ich an dieser Stelle dagegenhalten. »Diese Antwort ist eindeutig nicht plausibel genug. Ich will wissen, *warum.*« Und Greg würde darauf erwidern: »Wirklich? Bist du sicher? Ist es wirklich nötig, dass er dir jeden einzelnen Grund darlegt, weshalb er keine Lust hatte, dich wiederzusehen?«

Ich hasse Greg.

Trennungen sind immer etwas Entsetzliches. Für mich jedoch kommt es einer Katastrophe gleich, wenn ich das Gefühl habe, einem Mann nicht einmal eine ordentliche Trennung wert zu sein. Ich wiederhole: Es ist vollkommen natürlich, etwas dagegen unternehmen zu wollen. Greg will nur, dass dieses »Etwas« daraus besteht, nach vorn zu blicken statt zurück. Etwas nicht zum Abschluss bringen zu können gehört für mich (und für viele andere Menschen) zu den schwierigsten Dingen überhaupt, was es vielleicht unmöglich macht, diesen Mistkerl nicht anzurufen. Aber ich schätze, Greg würde auch hierzu einen Vortrag halten (er ist ein solcher Besserwisser!) und argumentieren, man sollte das Szenario wenigstens vorher einmal im Kopf durchspielen, bevor man anruft oder die Mail schreibt. Würde man sich danach wirklich besser fühlen? Glaubt man allen Ernstes, dass es etwas an seinen Gefühlen und der Meinung über seine Tat ändert? Ist es das einzige Mittel, das einem einfällt, um das Ganze endlich hinter sich lassen zu können? Wenn ja, würde ich sagen, zum Teufel mit Greg – ruf den Kerl einfach an! Aber es besteht die Hoffnung (zumindest für mich), dass mir ein Mann alle Informationen gegeben hat, die ich brauche, wenn er nicht mehr mit mir in Kontakt stehen möchte und nicht genug Anstand und Mumm in den Knochen hat, es mir ins Gesicht zu sagen. Von allen Punkten ist dieser hier am schwierigsten im Alltag umzusetzen. Aber die Art Frau, die so etwas schafft, finde ich toll. Ich wünsche uns allen viel, viel Glück!

So macht man das
von Greg

Zu meiner Schande muss ich gestehen, dass ich in meiner Zeit als alleinstehender Mann auch einmal einfach aus dem Leben einer Frau »verschwunden« bin. Ein Jahr später habe ich genau diese Frau auf der Straße wiedergesehen, als sie gerade vor einem Café stand. Sie sah atemberaubend aus und hielt mit einem sehr attraktiven Mann Händchen. Mir wurde klar, dass ich bestimmt schon zehntausend Kilometer aus ihrem Gedächtnis gestrichen war, und zwar wahrscheinlich etwa zwei Minuten, nachdem ich aufgehört hatte, sie wieder anzurufen. Jedenfalls schien mir ihr Leben wesentlich würdevoller als mein Verhalten von damals.

Ich hab's, Greg
von Nora, 41

Okay, Greg, ich werde dem Franzosen keine Mail schicken. Ich verspreche es.

FALLS IHR GREG NICHT GLAUBT

100 % der befragten Männer, die aus dem Leben einer Frau »verschwunden« sind, gaben an, sie seien sich voll und ganz darüber bewusst gewesen, wie abscheulich ihr Verhalten gewesen sei. Und keine Frau, die sie angerufen und versucht hätte, mit ihnen darüber zu reden, hätte etwas daran geändert.

Was ihr aus diesem Kapitel gelernt haben solltet

▶ Mag ja sein, dass er im Krankenhaus liegt und unter Gedächtnisschwund leidet, viel wahrscheinlicher ist es jedoch, dass er einfach nicht auf dich steht.

▶ Keine Antwort ist deine Antwort.

▶ Gib ihm keine Gelegenheit, dich ein zweites Mal zurückzuweisen.

▶ Soll seine Mutter ihn doch anschreien. Du bist viel zu beschäftigt für so etwas.

▶ Es gibt kein Geheimnis – er ist weg. Und er war nicht gut genug für dich.

Unser supertolles, wirklich hilfreiches Arbeitsheft

Würden wir ernsthaft glauben, dieser Kerl sei die Zeit wert, hätten wir an dieser Stelle eine Übung für dich. Aber das haben wir nicht. Also, nimm dir den Nachmittag frei, geh raus und amüsier dich.

Alles Liebe, deine Freunde von *Er steht einfach nicht auf dich*,

Liz und Greg

Okay, wenn dir das nicht reicht…

Es ist der älteste Trick der Welt, aber das Einzige, das wir dir zugestehen. Schreib dem Kerl einen langen, langen Brief und stell ihm jede Frage, die dir auf der Seele brennt. Gib ihm sämtliche Schimpfnamen, die dir einfallen. Sag etwas Gemeines über seine Mutter. Und dann – genau, du ahnst es schon – zerreiß den Brief und wirf ihn weg.

Mehr Zeit geben wir dir nicht für diesen Penner.

10
Er steht einfach nicht auf dich…
wenn er verheiratet (oder auf sonst irgendeine kranke Art nicht verfügbar) ist

Wenn man nicht ungehindert lieben kann,
ist es keine Liebe.

In diesem Punkt mag man geteilter Meinung sein, aber ich sage es trotzdem: Wie stark und tief eure Gefühle auch für jemanden sein mögen – wenn dieser Mann sie nicht aufrichtig und in vollem Maß erwidern und seine Liebe zu euch nicht aktiv ausleben kann, sind diese Gefühle bedeutungslos. Klar, sie mögen sich tief, allumfassend und von geradezu legendärem Ausmaß anfühlen. Mag sein, dass du »noch nie zuvor so empfunden« hast, aber wen kümmert das? Wenn der Mann, den du »liebst« (die bösen kleinen Anführungszeichen habe ich bewusst gesetzt), seine Tage nicht damit verbringen kann, ungehindert an dich zu denken und bei dir zu sein, ist es keine wahre Liebe.

Die »Aber seine Frau ist ein solches Miststück«-Ausrede

Lieber Greg,

ich bin mit meinem verheirateten Chef zusammen. Wir haben unsere Beziehung bislang nicht an die große Glocke gehängt, weil wir nicht wollten, dass es jemand mitbekommt. Ich liebe ihn wirklich sehr, und er liebt mich. Ich weiß, dass es falsch ist, sich mit einem verheirateten Mann einzulassen, aber seine Frau behandelt ihn so schlecht. Sie beschimpft ihn und wirft ihm an den Kopf, er sei dumm. Die beiden schlafen nie miteinander. Ich sei das Einzige, was ihn noch am Leben halte, sagt er. Wie soll ich ihn verlassen, wo er doch eine so schwere Zeit durchmacht und ich ihn so liebe? Blaire

Liebe Miss Großglocke,

wie bitte? Führen wir dieses Gespräch wirklich? Muss ich dir allen Ernstes erklären, warum du dich nicht mit einem verheirateten Mann einlassen solltest? Na gut, okay: Ich verrate dir jetzt mal ein paar unschöne Wahrheiten über deinen Boss. Er ist verheiratet und hat eine Affäre. Erstens macht es ihm offenbar nichts aus, unaufrichtig zu sein. (Sehr nett.) Zweitens macht es ihm offenbar nichts aus, seine Frau zu betrügen. (Prima.) Drittens bringt er seiner Ehe keinerlei

Respekt entgegen. (Was für ein Prachtkerl.) Viertens (und für dich von allergrößter Bedeutung) bringt er *dir* keinen besonders großen Respekt entgegen, denn du bekommst nichts als lächerliche Brocken von ihm – gestohlene Zeit, die mit einem Gefühl der Schande behaftet ist. (Genau das, wovon ein Mädchen immer geträumt hat, stimmt's?) Und da es sich auch noch um eine Affäre am Arbeitsplatz handelt, stellt sich die Frage, wer wohl seinen Hut nehmen muss, wenn diese Beziehung in die Binsen geht oder am Wasserspender die Runde macht und damit seinen Job und/oder seine Ehe gefährdet? Du. Und wessen Ruf als seriöse Mitarbeiterin wird wohl in den Schmutz gezogen werden? Hast du geraten, dass es deiner ist? Braves Mädchen. Wie sehr seine Ehe auch nerven und wie schrecklich ihn seine Frau behandeln mag – allem Anschein nach ist sie nicht ganz so mies, denn sonst würde er seine Sachen packen und gehen. Eine gute Beziehung sollte nicht im Geheimen geführt werden. Geh und such dir jemanden, der sich in aller Offenheit zu dir stellen kann.

Eine Affäre mit einem Mann zu haben, dessen Frau sich wie eine kreischende, wilde Furie gebärdet, macht das Ganze erheblich leichter, das ist mir vollkommen klar. Aber wie die Beziehung und die Lebensumstände der beiden sein mögen – du hilfst einem Mann trotz allem dabei, seine Frau zu betrügen. Einigen wir uns darauf, dass du so etwas nicht nötig hast.

Die »Aber er ist doch so ein guter Mensch«-Ausrede

Lieber Greg,

ich hätte nie gedacht, dass ich eines Tages in eine solche Situation geraten könnte. Ich weiß, dass man sich nicht mit verheirateten Männern einlassen soll, aber ich hab's nun mal getan. Ich habe ihn auf einer Konferenz in einer anderen Stadt kennen gelernt, bin ihm aber immer wieder bei geschäftlichen Terminen in der Stadt begegnet, in der ich wohne. Wir haben uns ineinander verliebt, und eins kam zum anderen. Wir sehen uns, wann immer er hier ist, was ziemlich häufig vorkommt. Es wäre so einfach, mir all die schlimmen Dinge vor Augen zu halten, die ich in dieser Situation bedenken sollte, wäre da nicht die Tatsache, dass er ein so netter, guter Mann ist. Er hat so etwas noch nie zuvor getan. Und er spricht auch nie schlecht von seiner Frau. Wir sind bis über beide Ohren verliebt. Ich bin sechsunddreißig Jahre alt und habe noch nie in meinem Leben so tief für jemanden empfunden. Und er sagt dasselbe von sich. Er redet davon, seine Frau zu verlassen, aber die beiden haben zwei kleine Kinder, und für die wäre das eine echte Katastrophe. Das Ganze geht ihm furchtbar an die Nieren. Ich fühle mich schrecklich, obwohl ich gleichzeitig finde, dass ich es verdiene, eine so tiefe Liebe zu empfinden. Es fühlt sich so gewaltig an, dass es ein-

fach real sein muss. Das ist nicht die typische Ich-
habe-eine-Affäre-mit-einem-verheirateten-Mann-
Geschichte, Greg. Es passiert mir. Und es fühlt
sich vollkommen anders an.   Belinda

Liebe Andere,

hey, kluges Mädchen. Wie gut, dass du findest,
du hättest ein so überwältigendes und tiefes
Gefühl der Liebe verdient. Ich finde nur, du solltest dieses Gefühl mit jemandem teilen, der auch
wirklich dein *Partner* ist. Es gibt doch viele Männer da draußen. Warum suchst du dir nicht einen,
der dir ganz allein gehört? Klar, okay, manche
Menschen hören auf, ihren Partner zu lieben,
haben den falschen Menschen geheiratet, werden von der Leidenschaft übermannt oder treffen die falsche Wahl – all das kann Auslöser für
eine Affäre sein. Ich möchte dir einen Rat geben,
wie du und Mr. »Ring am Finger« euch in dieser
Situation am besten verhalten solltet: Hört auf,
euch zu treffen, so dass er sich in Ruhe Gedanken über sein Leben machen kann. Wenn er
am Ende bei seiner Frau bleibt, wärst du immer
nur das Mädchen gewesen, das eine Affäre mit
einem Mann gehabt hat, der nie ernsthaft vor-
hatte, seine Frau zu verlassen. Trennt er sich jedoch tatsächlich von seiner Frau, kannst du ein
gemeinsames Leben mit ihm beginnen, das nicht
auf Schuldgefühlen und Scham beruht.

Es ist kein Witz, und ich wollte nicht vorschnell mit einem Urteil bei der Hand sein (selbst wenn es in obigem Brief ein wenig den Eindruck macht). Ihr wollt Liebe und glaubt, ihr hättet sie endlich gefunden. Aber er ist verheiratet. Bitte versucht, diese Tatsache nicht außer Acht zu lassen. Er ist mit einer anderen Frau verheiratet. Ich weiß, dass die Dinge bei euch ganz anders liegen, und dass ihr anders als alle anderen seid, deshalb ist er trotzdem verheiratet. Wenn es nur eine einzige rote Flagge in eurem Leben gibt, die ihr nicht ignorieren könnt, sorgt bitte dafür, dass es diese ist. Es steht einfach zu viel auf dem Spiel. Für alle Beteiligten.

Die »Vielleicht sollte ich es einfach aussitzen«-Ausrede

Lieber Greg,

seit kurzem treffe ich mich regelmäßig mit einem Mann, der wirklich lustig, süß und erfrischend wie eine Frühlingsbrise ist. Er ruft zum verabredeten Zeitpunkt an, nimmt ziemlich weite Wege von seiner Wohnung in Kauf, um mich auszuführen, und wir haben eine Menge Spaß zusammen. Das einzige Problem ist, dass er im Moment einen ziemlich hässlichen Unterhaltsstreit am Hals hat und nicht aufhören kann, darüber zu reden. Ehrlich. Selbst wenn ich ihn darum bitte, hört er nicht auf, über seine Frau zu lästern und darüber zu schwadronieren, wie er sie »fertigmachen« wird. Ich verstehe ja, dass er eine üble Phase durchmacht, und will unsere Beziehung nicht ruinieren, nur weil das Timing zufällig nicht besonders gut ist. Soll ich versuchen, ihn zu unterstützen, und seinem Gezeter lauschen?

Pam

Liebe Frischluftfreundin,

wow, also ist er lustig und süß und wie eine frische Brise, nur dass er nicht aufhören kann, über seine Exfrau herzuziehen und Gift und Galle wegen ihr zu spucken. Klingt ja nach einem echten Volltreffer. Ladys, ich meine es ernst. Tut mir leid, wenn es so schwierig ist, heutzutage einen anständigen Mann zu finden, dass ihr jedem Kerl, der Auto fahren kann, pünktlich und mit der Fähigkeit ausgestattet ist, ein Telefon zu bedienen, absolut alles durchgehen lasst. Das ist ein reichlich trauriger Zustand, und ich bin mir nicht sicher, was man dagegen unternehmen kann. Was dich betrifft, klingt es für mich, als gäbe es keine Chance, dass er in absehbarer Zeit auf dich steht – und wenn auch nur, weil ihm seine maßlose Wut einfach keinen Raum dafür lässt. Für mich hört es sich nicht so an, als hätte er dir einen guten Grund gegeben, weiterhin bei ihm zu bleiben und sich seine Einmann-Show namens »Ich bringe meine Exfrau um« anzusehen. Wenn er dich vermisst, kann er ja sein Leben auf die Reihe kriegen und dich anrufen, sobald er wieder etwas klarer im Kopf ist. In der Zwischenzeit gibt es eine Menge sinnvollerer Dinge, mit denen du dir die Zeit vertreiben kannst – einschließlich der Möglichkeit, dich auf die Socken zu machen und dir eine Eintrittskarte zu einem anspruchsvolleren Theaterstück zu besorgen.

Wie ich bereits sagte, es ist nie gut, wenn der Faktor »Ich muss auf ihn warten« eine Rolle in einer Beziehung spielt. Er ist keine Aktie, in die man investiert und auf deren Gewinn man warten muss, sondern ein Mann, der emotional zur Verfügung stehen sollte, um mit euch zu reden, euch zu sehen und sich möglicherweise unsterblich in euch zu verlieben. Das ist der Grund, weshalb er ein Rendezvous mit euch hat. Im schlechtesten Fall kann er zumindest die Höflichkeit aufbringen, sich als angenehmer Gesprächspartner zu erweisen.

In Wahrheit ist es so einfach

Ja, du wirst viele Männer in den unterschiedlichsten Stadien der Erholung von einer gescheiterten Beziehung kennen lernen. Wenn er wirklich auf dich steht, wird er seine alte Geschichte im Handumdrehen hinter sich lassen und dafür sorgen, dass er dich nicht verliert. Oder er wird dir deutlich machen, wie er empfindet, so dass es keine Unklarheiten zwischen euch gibt, und dich unmissverständlich wissen lassen, dass er sich im Moment nicht für eine neue Bindung bereit fühlt. In diesem Fall kannst du sicher sein, dass er sich auf den Weg macht und dich sucht, sobald er dafür bereit ist. *Eine Frau wie dich vergisst man nicht so einfach.*

Warum ist dieser Punkt nur so schwierig?
von Liz

Es ist ein schwieriger Punkt, weil du es bist, um die es hier geht, nicht jemand, von dem du gelesen, gehört oder die du im Fernsehen gesehen hast. Du bist diejenige, um die es geht, und das ist echt hart. Du verdienst das Glück genauso wie seine Frau oder seine Freundin. Außerdem heiraten Menschen manchmal, noch bevor sie ihren Partner, mit dem sie den Rest ihres Lebens verbringen sollen, richtig kennen gelernt haben. Oder eine Ehe geht in die Brüche, so dass die beiden Partner am Ende mit leeren Händen dastehen. Und wenn sie nicht verheiratet sind, sich aber auf irgendeine Weise von jemand anderem angezogen fühlen – na ja, die meisten Männer wechseln nahtlos von einer Beziehung in die nächste ... warum also nicht warten, bis er sich von seiner Expartnerin gelöst hat?

Das alles entscheidende Wort in diesem Zusammenhang ist »warten«. Du bist diejenige, die all die Warterei durchstehen muss – die Zeit totschlagen, sich auf die Zunge beißen, die eigenen Bedürfnisse verleugnen. Er ist ja so etwas Besonderes, dieser Mann. Er verdient es, dass du herumsitzt, dein Leben in die Warteschleife schickst und nicht bekommst, was du dir wünschst, während er sich alle Zeit der Welt lässt, um sich in

Ruhe über die Dinge klar zu werden. Er ist ja so etwas Besonderes, während das für dich natürlich nicht gilt.

Zufällig bin ich eine wahre Meisterin darin, Zeit totzuschlagen, nur wenige Ansprüche zu stellen und mich mit weniger zufriedenzugeben, als ich in Wahrheit haben will. Ich hatte zwar noch nie eine Affäre mit einem verheirateten Mann, verfüge aber über einen reichen Erfahrungsschatz an Beziehungen mit emotional nicht verfügbaren Gesellen. Eines muss ich ehrlich zugeben – es ist ein erhabenes, romantisches und dramatisches Gefühl, sich nach jemandem zu sehnen und zu verzehren, schweren Herzens und wohl wissend, dass der Mann, den man liebt, in diesem Moment nicht der deine sein kann, aus welchen Gründen auch immer. Und du bist bereit, auf ihn zu warten, weil deine Gefühle für ihn so tief und so unbeschreiblich sind. (Natürlich hege ich mittlerweile sogar den Verdacht, meine Gefühle für all diese Männer könnten so tief und so unbeschreiblich gewesen sein, *weil* sie nicht mein sein konnten, aber vor Gericht würde diese These wohl nicht standhalten.) Wenn du dich auch damit arrangieren kannst und dich nichts, was in diesem Buch steht, und kein gut gemeinter Ratschlag deiner Freunde oder deines Therapeuten dazu bewegen, deine Meinung zu ändern, wirst du diese Warterei eines Tages, genauso wie ich, ganz einfach leid werden.

Manchmal kann nicht einmal die beste psychologische Hilfestellung etwas ausrichten. Es gibt Fälle, in denen nur die Langeweile irgendwann Wirkung zeigt. Man wird es leid, ständig weniger zu haben, als man sich wünscht und als alle anderen um einen herum zu haben scheinen. Man fängt an, darüber nachzudenken, dass man möglicherweise etwas Besseres verdient. Und zwar nicht, weil man gelernt hat, sich selbst zu lieben, all die Kilos abgenommen oder eine Folge von Dr. Phil

im Fernsehen angesehen hat, sondern weil einen die Langeweile überkommt. Langeweile, weil man stets an derselben Art
Kummer leidet, immer und immer wieder. Ich glaube, das war
der ausschlaggebende Punkt bei mir. Ich hoffe, bei euch geht
es schneller.

So macht man das
von Liz

Eine Freundin von mir hat einen Mann kennen gelernt, der
sich erst zwei Wochen zuvor von seiner Freundin getrennt
hatte, mit der er drei Jahre lang zusammengelebt hat. Sie
glaubte, sie sei nicht mehr für ihn als die erste Romanze
»danach«. Er dachte ebenfalls, sie wäre wohl nicht mehr als
das. Aber obwohl er die Ausrede hätte anbringen können,
er sei noch nicht für etwas Neues bereit, weil er gerade
»eine Partnerschaft hinter sich« habe, tat er es nicht. Da er
wirklich auf sie stand, gab er ihr nie das Gefühl, emotional
nicht verfügbar für sie zu sein. Heute leben die beiden in
einer stabilen Partnerschaft.

Ich hab's, Greg
von Janine, 43

Kürzlich habe ich einen Mann im Internet kennen gelernt,
dessen Frau drei Monate zuvor verstorben war. Wir haben
uns einige Male getroffen, und es lag auf der Hand, dass er

noch nicht für etwas Neues bereit war. Er trauerte nach wie vor um seine Frau und verbrachte eine Menge Zeit damit, über sie und darüber zu reden, wie wundervoll sie war. Ich war versucht, mich seiner anzunehmen, ihn zu trösten und ihm durch diese schwierige Zeit zu helfen. Ich mochte ihn sehr und malte mir bereits aus, wie es wäre, wenn es ihm »besser« ginge. Doch dann wurde mir klar, dass ich nicht mit jemandem zusammen sein wollte, der erst in eine Beziehung »hineinheilen« muss. Ich habe ihm gesagt, dass ich mich nicht wohl dabei fühle, so kurz nach dem Tod seiner Frau mit ihm auszugehen, aber dass ich die Tür nicht endgültig zugeschlagen hätte. Und dass ich mich freuen würde, ihn eines Tages wiederzusehen, wenn ein wenig Zeit vergangen wäre. Dann ging ich wieder online und suchte weiter.

FALLS IHR GREG NICHT GLAUBT

Ein Freund von mir traf sich zum ersten Rendezvous mit einer Frau, die erwähnte, sie sei auch mit einem verheirateten Mann zusammen. Er erklärte ihr rundheraus, dass es keine zweite Verabredung gäbe, denn wenn sie sich selbst nicht genug liebe, um eine richtige Partnerschaft zu führen, warum sollte er es dann tun?

Was ihr aus diesem Kapitel gelernt haben solltet

▶ Er ist verheiratet.

▶ Wenn er dir nicht ganz gehört, ist er immer noch ihr Ehemann.

▶ Es gibt zahllose coole, *alleinstehende* Männer auf der Welt. Such dir einen von *denen* aus.

▶ Wenn ein Mann über seine Exfrau herzieht oder seiner letzten Freundin nachweint, versuch, jemand anderen zu finden, der dich ins Kino einlädt.

▶ Er ist verheiratet.

▶ Sei keine von diesen Frauen.

▶ Du bist keine Frau, die man so schnell vergisst. Lass ihn dich finden, wenn er dazu bereit ist.

Unser supertolles,
wirklich hilfreiches Arbeitsheft

Führe alle Eigenschaften auf, die du dir an einem Mann wünschst oder jemals gewünscht hast. Wir geben dir fünf Zeilen. Und wir warten…

1.

2.

3.

4.

5.

Und jetzt sieh dir die Liste an. Kommt »verheiratet« oder »emotional nicht verfügbar« darin vor?

Ja, das haben wir uns gedacht. Du hast viel zu viel Klasse und Köpfchen für so etwas.

11
Er steht einfach nicht auf dich…
wenn er ein egoistischer Mistkerl, ein grober Klotz oder ein komplett durchgeknallter Irrer ist

Wenn man jemanden wirklich liebt, will man Dinge tun, die den anderen glücklich machen.

»Er hat so viele gute Eigenschaften. Ganz ehrlich. Ich wünschte nur, er würde nicht ständig zu mir sagen, ich soll die Klappe halten.« Ja, das ist ein echtes Problem. Versucht, es nicht zu ignorieren. Ich weiß, dass »er so viele andere wunderbare Qualitäten« hat. Das ist ja der Grund, warum ihr euch ursprünglich in ihn verliebt habt. Mir ist vollkommen klar, dass ihr euch nicht in ein Arschloch verlieben würdet. Aber ich sage euch etwas: Vergesst ihn und seine wunderbaren Eigenschaften. Am besten vergesst ihr sogar seine schlechten. Vergesst all seine Ausreden, Entschuldigungen und Versprechungen, die er macht. Und stellt euch eine einzige Frage: Macht er mich glücklich? Menschen sind kompliziert, eine bunte Mischung aus liebenswerten Eigenschaften und Funktionsstörungen. Das ist ja der Grund, warum sie so verflixt verwirrend sind. Und das ist auch der Grund, warum der Versuch, ihr Verhalten zu verstehen, reine Zeitverschwendung ist. Macht er euch glücklich? Ich meine damit nicht manchmal, selten, nicht besonders oft und auf diese »aber die guten Momente überwiegen nach wie vor die weniger schönen«-Weise. Lässt er mit seinem Handeln keinen Zweifel daran, dass ihm euer Glück am Herzen liegt? Wenn die Antwort Nein lautet, schießt ihn ab und macht euch auf die Suche nach jemandem mit einer höheren Anzahl an »Pluspunkten«.

Die »Aber er versucht doch, sich zu bessern«-Ausrede

Lieber Greg,

mein Freund ist sehr egoistisch. Er behauptet, er liebe mich, und integriert mich auch in sein Leben. Jeder von uns ist eng mit der Familie des anderen verbunden, und in vielerlei Hinsicht ist er ein netter Mann. Aber inzwischen leben wir seit vier Jahren zusammen, und nach wie vor beteiligt er sich in keiner Weise am Haushalt, macht sich nie die Mühe, mich nett auszuführen, legt keinen besonderen Wert auf meinen Geburtstag, bringt mir nie Blumen mit, geht nicht mit dem Hund spazieren, spart mit Komplimenten, bedankt sich nicht bei mir, wenn ich ihm und seinen Freunden das Abendessen zubereite, und hat keine Lust auf nette Urlaube mit mir. Wir diskutieren die ganze Zeit darüber, und er schwört, er wolle sich ändern, aber davon ist kaum etwas zu merken.

Die Frage ist: Kann er mich wirklich so lieben,

wie er es behauptet, und gleichzeitig ein derartiger Mistkerl sein?

Paula

Liebe Miss Eselsgeduld,

du willst mich wohl für blöd verkaufen. Nimm deinen Brief in die Hand und lies ihn dir selbst und ein paar Freundinnen laut vor. Wenn du nicht auf die Antwort kommst, ruf die Polizei, weil dir offenbar jemand das Gehirn geklaut hat.

P.S. Die Antwort auf deine Frage lautet: Nein. Menschen, die sich lieben, versuchen gewöhnlich, nett zueinander zu sein. Manchen gibt es sogar einen Kick, ihren Partner gut zu behandeln und zu versuchen, sein Leben schöner zu gestalten. Kann ja sein, dass er glaubt, er liebt dich, und vielleicht tut er das auch. *Aber er macht seine Sache echt schlecht.* Und das ist im Grunde genau dasselbe, als würde er nicht auf dich stehen.

Versucht nach Möglichkeit, nicht vier Jahre in einer Beziehung zu stecken, bevor euch allmählich dämmert, dass der Mann an eurer Seite ein riesiger selbstsüchtiger Idiot ist. Durchaus möglich, dass Mr. Dreckskerl schon vom ersten Tag an versucht hat, euch zu zeigen, wer er ist.

Die »Es liegt nur daran, wie er aufgewachsen ist«-Ausrede

Lieber Greg,

mein Freund, mit dem ich seit einem Jahr zusammen bin, ist in jeder Hinsicht perfekt. Leider ist er zufällig in einer völlig gestörten Familie aufgewachsen, die nur aus einer verrückten Mutter und einem Bruder besteht. Ich dagegen stamme aus einer sehr großen, liebevollen Familie mit ausgeprägtem Zusammengehörigkeitsgefühl. Er will nie Zeit mit meiner Familie verbringen, und wenn er die Wahl hat, bleibt er lieber zu Hause, als mich zu einem Besuch bei ihnen zu begleiten. Wenn ich ihn zu Essenseinladungen meiner Familie mitnehme, ist er mürrisch und unfreundlich. Wann immer ich ihn darauf anspreche, sagt er, er sei eben kein Familienmensch. Es ist schwer, sich eine Zukunft mit einem Mann wie ihm vorzustellen, aber ist es andererseits nicht viel wichtiger, wie wir uns verstehen? Außerdem wird er sich bestimmt irgendwann an meine Familie gewöhnen und mitkommen, glaubst du nicht auch? Es sind nämlich wirklich nette Leute.

Enid

Liebe Familienfreundin,

okay, dein Freund ist also in jeder Hinsicht perfekt, außer in der, dass er nichts für deine Familie übrighat. Wow! Das ist eine ziemlich große Einschränkung. Klar, er hat eine plausible Ausrede für seinen Egoismus. (Denn in Wahrheit geht es genau darum.) Bei vielen Leuten taucht »Zeit mit der Familie des Partners verbringen« nicht in den Top Ten der Lieblingsbeschäftigungen auf. Aber hoffst du nicht darauf, ihn eines Tages in genau diese Familie integrieren zu können? In früheren Zeiten (ich weiß zwar nicht genau, wann das war, aber du weißt schon, wie ich es meine) hätte deine Familie erst mit ihm einverstanden sein müssen, bevor er dich überhaupt hätte näher kennen lernen dürfen. Also, verkauf ja nicht deine Familie für diesen Kerl. Wenn er wirklich auf dich stünde und ernsthaft vorhätte, länger mit dir zusammenzubleiben, würde er jedes Mal vor Ehrfurcht einen kleinen Stepptanz hinlegen, wenn er deine Familie sieht – und ihnen vielleicht sogar einen kleinen Kuchen backen.

Er muss eure CD-Sammlung nicht lieben. Er muss sich auch für eure Schuhe nicht begeistern können. Aber jeder halbwegs brauchbare, reife Kerl sollte versuchen, eure Freunde und Familie zu lieben – ganz besonders, wenn sie nett sind.

Die »Aber es wird nicht immer so bleiben«-Ausrede

Lieber Greg,

ich bin mit einem Mann zusammen, der Medizin studiert. Er ist überarbeitet, ständig übermüdet und wird sehr schnell wütend. Er schreit mich an, wenn ich ihn versehentlich wecke. Und kürzlich hat er mich angebrüllt, weil er das Gefühl hatte, ich hätte ihn mit irgendetwas beim Lernen auf ein wichtiges Examen gestört. Dabei weiß ich ja, dass der Zustand vorübergehend ist, weil er sich eben mitten im Studium befindet. Am Anfang, vor dem Studium, war er nicht so, sondern wirklich aufmerksam und süß. In regelmäßigen Abständen überfällt ihn das schlechte Gewissen, dann entschuldigt er sich und meint, er stünde eben unter einem enormen Druck. Ich weiß, dass eines Tages der Mann von früher wieder zum Vorschein kommen wird, Greg.

Denise

P.S. Außerdem wollte ich immer einen Arzt heiraten!

Liebes Schreihalsopfer,

es interessiert mich nicht, ob er studiert, um der nächste Messias zu werden! Es gibt keinen Grund, jemanden anzuschreien, außer als Warnung nach dem Motto »PASS AUF, DA KOMMT EIN BUS!« Und der Zustand deines Freundes ist auch nicht vorübergehend. Menschen, die in ihrer Wut andere anschreien, brauchen Hilfe. Menschen, die andere anschreien, sind Menschen, die glauben, sie hätten das Recht dazu. Hey, Superfrau, willst du ernsthaft Teil dieser Partnerschaft sein? Du weißt schon, was ich meine, einer Partnerschaft, in der der Mann die ganze Zeit seine Frau anbrüllt? Noch bessere Frage: Willst du ernsthaft einen solchen Mann als Vater für deine Kinder? Ich glaube kaum. Warte nicht auf den Augenblick, wenn Mr. Hyde sich wieder in Dr. Jekyll verwandelt. Such dir einen Mann, der wirklich weiß, was es bedeutet, sich um das Wohl anderer Menschen zu kümmern.

Die »Wichtig ist, was sich hinter verschlossenen Türen abspielt«-Ausrede

Lieber Greg,

ich liebe meinen Freund. Wir leben zusammen, und er behandelt mich wirklich gut. Er lädt mich zu teuren Urlauben ein und kauft mir sehr hübsche, mit großer Sorgfalt ausgesuchte Geschenke. Ich fühle mich geborgen bei ihm. Meine Freunde sind nicht besonders begeistert von ihm, weil er sich gern mal ein wenig über mich lustig macht, wenn wir zusammen ausgehen. Er zieht mich damit auf, dass ich kein Elite-College besucht habe, weist mich darauf hin, wenn ich etwas grammatikalisch nicht korrekt ausgedrückt oder falsch verstanden habe. Er widerspricht mir mit Begeisterung vor anderen Leuten und macht ein großes Aufheben um die Tatsache, dass ich über die aktuellen Ereignisse nicht so auf dem Laufenden bin, wie ich sollte. Mich kümmert all das nicht, weil ich annehme, dass er sich aus reiner Unsicherheit so verhält. Er benimmt sich überhaupt nicht so, wenn wir allein sind. Ich schwöre. Warum sollte es mir also etwas ausmachen? Ist es nicht entscheidend, wie er mich behandelt, wenn wir allein sind?

Nina

Liebe Masochistin,

er klingt tatsächlich perfekt, wenn man auf gemeine Typen steht. Warum solltest du mit jemandem zusammen sein, der dich vor anderen niedermacht, damit er sich dir überlegen fühlen kann? Noch dazu vor deinen Freunden! Auf welchem Elite-College lernt man, wie man andere Leute in der Öffentlichkeit bloßstellt? Denn das hat dein Freund wohl als Hauptfach belegt, wenn er glaubt, er stünde vor deinen Freunden als irgendetwas anderes als ein Vollidiot da, wenn er dich vor ihnen zur Schnecke macht. Und warum sollte es eine Rolle spielen, ob er dich besser behandelt, wenn ihr allein seid? Für mich klingt es nämlich, als könnte er es kaum erwarten, dich in die Öffentlichkeit zu zerren, damit er dich demütigen kann. Schick diesen Mr. Klugscheißer in die Wüste. Und mach einen Abschluss im Fach »Ein Mann, der sich in Gegenwart meiner Freunde anständig benimmt«.

Die »Aber er versucht doch nur zu helfen«-Ausrede

Lieber Greg,

ich habe einen Freund, der wirklich versteht, was ich durchmache. Ich hatte schon immer Gewichtsprobleme und kämpfe mein ganzes Leben mit den Pfunden. Er hingegen geht mit großer Begeisterung ins Fitnessstudio, achtet sehr auf seine Ernährung und sagt mir, was ich essen darf und was nicht. Wenn ich versuche zu schwindeln, erklärt er mir, dass das, was ich esse, auf direktem Weg auf meine Hüften wandert. Er lässt es mich wissen, wenn ich zunehme, lobt mich aber auch, wenn ich gut aussehe und Fortschritte mache. Ich finde es toll, dass er so großes Verständnis für mein Problem aufbringt, während meine Freunde ihn gemein finden. Aber ich bin nicht dieser Meinung. Was denkst du, Greg?

Nadia

Liebe Gewichtskämpferin,

dieser Kerl klingt eher wie dein Personal Trainer, wie dein Haustyrann, der dich pausenlos schindet. Und um es dir noch einmal vor Augen zu führen – sein Job besteht im Grunde nur darin, dein Freund zu sein. Aber er ist ein sehr schlauer Tyrann, denn er weiß ganz genau, wie mies du dich fühlst, und schlägt einen Vorteil daraus. Typen, die andere gern schinden, suchen sich grundsätzlich solche Menschen aus, die schwächer sind als sie. Selbst diejenigen, die gern jeden Tag Gewichte stemmen. Es ist Zeit, deine Oberschenkelmuskulatur und Achillessehnen in Gang zu bringen – um vor ihm davonzulaufen und nie wieder zurückzukommen.

Die letzten drei Briefe werde ich gemeinsam kommentieren. Es gibt jede Menge Verhaltensweisen, die als beleidigend und demütigend gewertet werden können, auch wenn dabei nicht auf einen eingedroschen wird. Dazu gehören Dinge wie angebrüllt, in der Öffentlichkeit gedemütigt zu werden oder das Gefühl vermittelt zu bekommen, fett und unattraktiv zu sein. Es ist schwer, sich der Liebe eines Menschen wert zu fühlen, wenn der andere alles daransetzt, das Gefühl der Wertlosigkeit in einem auszulösen. Gesagt zu bekommen, man solle dieser Beziehung möglichst schnell den Rücken kehren, mag keine Hilfe sein. Der springende Punkt ist die Gewissheit, dass ihr besser seid als diese Beziehung. Und ihr *seid* besser als diese Beziehung.

Die »Aber jetzt spiele ich doch in der oberen Liga«-Ausrede

Lieber Greg,

ich war dreimal mit einem Mann aus, der ein echter Volltreffer ist. Er arbeitet als Journalist und führt ein echt spannendes Leben – er reist viel, erlebt ständig irgendwelche Abenteuer und macht unglaublich interessante Beobachtungen, von denen er erzählen kann. Außerdem ist er sehr witzig. Er macht mir Komplimente und scheint mich zu mögen, denn er bittet mich immer wieder um eine Verabredung. Er amüsiere sich jedes Mal prächtig mit mir, meint er. Aber wenn ich ehrlich sein soll, hat er mir bei keiner unserer drei Verabredungen auch nur eine Frage gestellt. Er steht ganz offensichtlich auf mich, sonst würde er sich doch nicht immer wieder mit mir verabreden und mir sagen, wie hübsch ich aussehe, oder? Vielleicht ist das ja so, wenn man mit aufregenden Typen ausgeht. Er ist echt ein Volltreffer, Greg!

Ronda

Liebe Miss Gespanntes Publikum,

du hast ja so ein Riesenglück, mit einem aufregenden Typen ausgehen zu dürfen. Außerdem bekommst du die Gelegenheit, bei seiner Konversationsmasturbation in der ersten Reihe zu sitzen. Echt heiß! Er ist ohne Zweifel genauso beeindruckt von sich wie du. Ich sage es dir wirklich nicht gern, aber er steht nicht auf dich, sondern darauf, wie du ihn ansiehst, während du seinen Erzählungen lauschst. Als ich meine Frau kennen gelernt habe, wollte ich nichts lieber tun, als ihr unzählige Fragen zu stellen. Wie hätte ich sonst herausfinden sollen, wie sie ist und was sie denkt? Ja, ich habe ihr auch gern die Geschichte meines Lebens erzählt – ich gebe zu, ich wollte sie mit meinen ruhmreichen Taten beeindrucken –, aber es war ein ausgeglichener Dialog, weil ich der Meinung war, *sie* sei der Volltreffer von uns beiden. Wenn zwei Menschen zueinander finden, lechzen sie nach Informationen über den anderen; nach Eindrücken, wie das Leben des anderen abläuft, wenn sie nicht zusammen sind, nach Einblicken in seine Vergangenheit, in das Seelenleben des anderen, in der Hoffnung, ihn oder sie besser kennen zu lernen. Dieser Kerl hingegen klingt nach einem größenwahnsinnigen Egozentriker. Das Mindeste, was er dich fragen könnte, ist, welche Unterwäsche du trägst.

Vergesst nicht – ihr seid der Volltreffer! Und sie sind scharf darauf, sich euch zu angeln. Sie sind nicht das leckere kleine Haifischsteak vom Holzkohlengrill in Limonensauce. Sondern ihr. Na ja, ihr wisst schon, was ich meine.

Die »Er muss sich eben erst selbst finden«-Ausrede

Lieber Greg,

mein Freund arbeitet seit zwei Jahren nichts. Er ist sehr süß und wunderbar, weiß aber einfach nicht, was er mit seinem Leben anstellen soll. Von Zeit zu Zeit jobbt er als DJ, aber im Großen und Ganzen lebt er von meinem Geld. (Ich habe einen Job und stamme aus einer halbwegs wohlhabenden Familie.) Ich weiß, dass er auf mich steht – er muss nur herausfinden, was er will, oder? Oder ist er einfach nur deprimiert?

Julie

Liebe Brötchenlieferantin,

also, ich verstehe das nicht ganz. Legst du ihm morgens Geld auf den Küchentisch? Oder bezahlst du ihn dafür, dass er irgendwelche Besorgungen macht oder Dinge im Haus erledigt? Hör mal, Geldschnäuzchen. Er mag ja auf dich stehen, aber er scheint nicht viel von sich selbst zu halten, sonst würde er nie im Leben zulassen, dass du ihn seit zwei Jahren durchfütterst. Da er das aber tut, benimmt er sich in einer Art und Weise, die schwer danach aussieht, als würde er nicht auf dich stehen. Ein Mann, der etwas auf dich und auf sich selbst hält, ist bereit, sich zusammenzureißen und sein Leben auf die Reihe zu kriegen. Und zwar in Rekordzeit. Das heißt, erstens und allem voran, am Monatsende einen Gehaltsscheck nach Hause zu bringen. Sei dir über eines im Klaren: Oft fühlen sich diese Typen, sobald sie ihr Leben halbwegs im Griff haben, so toll, dass sie auf die Idee kommen, sie bräuchten auch noch eine neue Beziehung. (Schließlich würde sich kein Mädchen mit Klasse so lange mit all dem Mist arrangieren, wie er ihn sich erlaubt hat.) Deshalb rate ich dir, ihn zu sich selbst finden zu lassen – und zwar nicht auf deine Kosten. Mal sehen, ob Mr. DJ sich eines Tages wieder einen Platz in deinem Leben erobert.

Menschen machen ständig schwere Zeiten durch. Aber wenn es hart auf hart kommt, wie man so schön sagt, wird ein anständiger Kerl einen nie im Leben um fünfhundert Dollar anpumpen, um seine Kneipenrechnung zu bezahlen. Sein Job sollte nichts sein, worüber ihr euch Gedanken macht. Eure Aufgabe besteht lediglich darin, euch jemanden zu suchen, der nie so faul und bequem wäre, von eurem Geld und dem eurer Familie zu leben.

Die »Vielleicht ist es nur eine kleine Eigenheit von ihm«-Ausrede

Lieber Greg,

ich habe einen Mann kennen gelernt, der wirklich süß und sehr sensibel ist. Das Problem ist nur, dass er nichts für körperliche Zärtlichkeiten übrig hat. Er wolle einfach nicht gern berührt werden, sagt er. Wir haben Sex, und es ist auch sehr nett, aber er steht auch nicht darauf, mich zu streicheln. Alles andere an ihm ist absolut toll, deshalb kommt mir meine Beschwerde auch ein wenig seltsam vor. Glaubst du, nicht kuscheln und berührt werden zu wollen, ist ein Zeichen, dass er einfach nur nicht auf mich steht? Oder könnte es bedeuten, dass er ein Problem mit Intimität hat? Ich will die Beziehung deswegen nicht beenden, aber ich liebe nun mal körperliche Zärtlichkeit!   Frida

Liebe Miss Sehnsucht nach Zärtlichkeit,

ich muss zugeben, dass mir jemand, der einer der schönsten Freuden des Lebens nichts abgewinnen kann, ein wenig seltsam vorkommt. Was mag er denn sonst nicht, wovon du noch nichts weißt? Kleine Hunde? Babys? Eine Seele zu besitzen? Wenn du aus offensichtlichen Gründen gern Zärtlichkeiten mit einem Mann austauschst, warum solltest du das Schicksal eines berührungsfreien Lebens mit Mr. Unbehaglich auf dich nehmen? Ja, manche Männer tun sich schwer, Zärtlichkeit zu zeigen, aber diese Art der Zuwendung nicht genießen? Schwer vorstellbar. Kann ja sein, dass er ernsthaft auf dich steht, aber er passt nicht zu dir, so viel steht fest. Ich sage dir – lass es gut sein, such dir jemanden, der dieselben Dinge mag wie du, und freu dich auf ein langes Leben mit vielen zärtlichen Kniffen in den Hintern.

Jeder lernt immer wieder Menschen kennen, die Berührungen, Küsse oder Sex nicht mögen. Man kann eine Menge Zeit damit verbringen, ihnen zu helfen, dieses Unbehagen zu überwinden, oder mit der Frage, ob man es persönlich nehmen soll. Oder man kann sich darüber klar werden, dass sie einfach all jene Dinge nicht gern tun, die man selbst unbedingt braucht, um glücklich zu sein, und sich jemanden suchen, der ähnlich gelagert ist.

Die seltene und exotische »Er fürchtet sich vor der Intimität des Schlafens«-Ausrede

Lieber Greg,

ich bin seit einem Jahr mit einem Mann zusammen, der nicht mit mir in einem Bett schlafen kann. Nach dem Sex, der immer toll und befriedigend ist, muss er sich auf die Couch schlafen legen. Er sagt, er »kommt einfach nicht damit zurecht«. Ansonsten läuft alles gut in unserer Beziehung. Ich denke, er hat eben ein Problem mit Intimität, deshalb muss ich Geduld haben. Muss das ein Zeichen sein, dass er nicht auf mich steht, oder soll ich einfach noch eine Weile durchhalten?   Gloria

Liebe Freak-Freundin,

ich hätte gern, dass du Folgendes tust: Setz ein halbes Vermögen darauf, dass die Beziehung mit dir und Mr. Superfreak alles andere als in Ordnung ist. Seit einem Jahr schläft er nicht im selben Bett wie du? Dieser Kerl ist ein durchgeknallter Freak, den du von deiner Couch stoßen und die Spitze deines Stiefels spüren lassen solltest. Dass du dir sogar noch Gedanken darüber machst, was dieser durchgeknallte Irre von dir denkt, ist ein eindeutiger Beweis dafür, dass die Welt jetzt endgültig durchgedreht ist. Sieh zu, dass der letzte Vorhang in dieser Freakshow fällt. Bitte.

Wenn ihr mit Männern ausgeht, werdet ihr so manchen durchgeknallten Irren und Psychopathen kennen lernen. Das ist so sicher wie das Amen in der Kirche. Das Einzige, worauf ihr einen Einfluss habt, ist die Zeitspanne, die ihr diesen Gentlemen erlaubt, Teil eures Lebens zu sein. Falls ihr euch nicht sicher seid – es sollten etwa zehn Minuten von dem Augenblick an sein, wenn zum ersten Mal sein absolut indiskutables Verhalten (oder sein Eidechsenschwanz) zum Vorschein kommt. Zehn Minuten lassen euch genug Zeit, eure Kleider anzuziehen und dafür zu sorgen, dass eure Nummer aus seinem Handy gelöscht ist.

In Wahrheit ist es so einfach

Es besteht ein Unterschied zwischen exzentrisch und verrückt. Ein »Exzentriker« trägt von Zeit zu Zeit ein Samtjackett. Ein »Verrückter« will nur mit euch schlafen, wenn er es dabei anbehalten darf. Es besteht ein Unterschied zwischen necken und schlecht behandeln. »Björk hat angerufen. Sie will ihr Kleid zurückhaben« – das ist necken. »Junge, Junge, bist du fett« – das nennt man schlecht behandeln. Aber den größten Unterschied stellt ihr selbst dar. Ihr alle seid tausend Mal besser als die Art und Weise, wie ihr von diesen Männern behandelt werdet.

Warum ist dieser Punkt nur so schwierig?
von Liz

Ich habe es in meinen »Ein schwieriger Punkt«-Ausführungen bereits angedeutet, aber jetzt sage ich es ohne Umschweife: Es gibt einfach nicht besonders viele anständige Männer auf der Welt. Statistiken beweisen diese These, es wurden Bücher und Artikel verfasst, die das untermauern, und Frauen würden mit dem größten Vergnügen einen Eid darauf schwören. Und noch etwas: Es gibt mehr anständige Frauen auf der Welt als anständige Männer. Ich wette, ihr habt das irgendwann schon einmal selbst gesagt oder jemanden sagen hören. Oh, Moment, und der hier darf auch nicht fehlen: Eine Menge Männer wollen lieber mit jüngeren Frauen zusammen sein, das heißt, während ihr älter werdet, verringert sich die Zahl der Männer, die mit euch ausgehen wollen, noch weiter. Also laden wir Greg doch mal mit einem kleinen Taschenrechner zu uns nach Hause ein und lassen uns angesichts dieser mathematischen Erhebung erklären, wie wir am Ende einen tollen Mann abbekommen sollen, der uns liebt und den wir ebenfalls lieben, mit dem uns eine beiderseitige leidenschaftliche Anziehungskraft verbindet und der uns wie eine Königin behandelt.

Genau. Das *kann* gar nicht passieren. Also erscheint es all den tollen, gescheiten, gesunden, witzigen, netten Frauen da draußen nur logisch, nachvollziehbar und sogar klug, sich mit dem Gedanken anzufreunden, ihre Ansprüche herunterzuschrauben. Denn ich weiß ja nicht, wie es euch geht, aber ich für meinen Teil finde es schrecklich, Single zu sein. Ich hasse es, allein auf Partys zu gehen. Ich hasse es, allein zu schlafen. Ich hasse es, allein aufzuwachen. Ich hasse es zu wissen, dass ich jede einzelne Besorgung allein erledigen muss. Ich hasse es, keinen Sex zu haben. Ich hasse es, nur für eine Person zu kochen und einzukaufen. Ich hasse es, zu Hochzeiten eingeladen zu sein. Ich hasse es, wenn Leute mich fragen, weshalb ich immer noch Single bin. Ich hasse Leute, die mich nicht fragen, warum ich immer noch Single bin. Ich hasse meinen Geburtstag, weil ich immer noch Single bin. Ich hasse es, darüber nachdenken zu müssen, dass ich eines Tages vielleicht als alleinerziehende Mutter ende, weil ich Single bin. Habe ich mich klar ausgedrückt?

Natürlich finde ich nicht, dass man sich mit jemandem einlassen sollte, der einen schlecht behandelt. Aber es gibt Abstufungen von schlechter Behandlung. Mr. Wrong hat jede Menge Schattierungen. Und die Typen, von denen wir reden? Sie sind ja nicht *nur* Arschlöcher. Manchmal können sie auch sehr nett sein. An so vielen Tagen denke ich, es wäre besser, mit jemandem zusammen zu sein, den deine Freunde verabscheuen, wenn er dir dafür die Einkaufstüten trägt, statt immer nur allein zu sein. Also, jetzt ist es heraus. Dieser Punkt ist wirklich schwierig. So schwierig, dass ich fürchte, an Greg abgeben zu müssen. Es ist einfach zu kompliziert. Ich bin ein absolut pragmatischer Mensch, deshalb habe ich in Anbetracht der nüchternen Statistik nicht die leiseste Ahnung, was ich sagen soll. Mir ist klar, dass wir uns selbst lieben müssen, und ich finde, wir verdienen ein wenig Glück und sollten optimistisch bleiben. Ich denke auch, dass es nervt, Single zu sein. Greg, willst du uns allen Ernstes erzählen, wir sollen allein bleiben, wählerisch sein und uns nicht zufriedengeben (und uns somit auch nicht binden), bis wir den Menschen gefunden haben, von dem wir glauben, er ist der Richtige? Es ist echt einsam da draußen. Übernimm du das Kommando, ich habe keine Ahnung.

Greg sagt:

Jetzt haben wir also den eigentlichen Knackpunkt gefunden, hab ich Recht? Wenn man zum schmerzhaften, einsamen Kern von all dem vorstößt, ist es mit einem Mal nicht mehr so lustig. Wenn ich es richtig sehe, geht es um ein fundamentaleres Problem als darum, dass er nicht auf dich steht. Ich habe zahllose Abende mit weiblichen Freunden (und meiner Schwester) zusammengesessen, die in Tränen aufgelöst waren, während ich versucht habe, sie davon zu überzeugen, dass sie besser sind als die Männer, die ihnen das Leben schwer machen. Also werde ich versuchen, meine Erwiderung so sorgfältig zu formulieren, wie ich kann:

Einsam zu sein, allein zu sein, empfinden viele Menschen als ausgesprochen unangenehm. Ich weiß, ich weiß, ich weiß. Trotzdem muss ich sagen, ja, ich bin felsenfest davon überzeugt, dass es noch viel schlimmer ist, mit jemandem zusammen zu sein, der einem das Gefühl gibt, ein Stück Dreck zu sein, oder der einen nicht als den Menschen respektiert, der man ist.

Die Statistiken sind alles andere als erfreulich. Aber du solltest dich nicht negativ von ihnen beeinflussen oder ins Bockshorn jagen lassen. Mit Statistiken kannst du höchstens dir selbst und deinen Freundinnen Angst machen. Deshalb sage ich »Pfeif auf die Statistiken«. Es ist dein Leben, wie kannst du es wagen, es nicht mit Vertrauen und Zuversicht in die Hand zu nehmen. Das Einzige, was mir, Greg Behrendt, jemals dabei geholfen hat, im Leben erfolgreich zu sein, sind Vertrauen und Zuversicht. Ich glaube daran, dass sich in meinem Leben immer alles zum Guten wenden wird. Und noch viel überzeugter bin ich davon, dass du keine andere Wahl hast, als mir das zu glauben. Ich schreibe dieses Buch, das eine Menge Frauen lesen werden, weil wir es allesamt leid sind, aus der Angst heraus zu agieren. Du willst glauben, dass du besser bist als all dieser Quatsch, den du dir jahrelang von all diesen Männern hast auftischen lassen. Und genau das bist du auch. Du bist ein wunderbares, kluges menschliches Wesen, das es verdient hat, geliebt zu werden, und die einzige Möglichkeit, dieses Ziel zu verfolgen, besteht darin, dich selbst wertzuschätzen. Das Mindeste ist, all diese unwürdigen Typen zu verbannen und einen Höchststandard für dein Leben anzustreben.

Fangen wir mit der Statistik an: Du bist ein wunderbares Geschöpf. Sei tapfer, meine Liebe. Ich weiß, dass die Einsamkeit schrecklich sein kann. Ich weiß, dass man sich so sehr nach Gesellschaft, Sex und Liebe sehnen kann, dass es einem körperliche Schmerzen bereitet. Aber ich glaube auch von ganzem Herzen, dass es nur eine einzige Möglichkeit gibt herauszufinden, dass dort draußen etwas Besseres auf dich wartet: Du musst zuerst daran *glauben*, dass etwas Besseres auf dich wartet. Und genau das tue ich für dich, bis du bereit bist, es selbst zu tun.

So macht man das
von Greg

Meine Freundin Amy hat entsetzliche Angst vor Clowns, deshalb sorgt ihr Ehemann Russell dafür, dass sie nie einen zu Gesicht bekommt oder sich in der Nähe von einem aufhält. Mag sein, dass es klingt, als wäre das nicht weiter schwierig oder stelle kein besonders großes persönliches Opfer dar, bis man einmal selbst versucht, konsequent jedem Clown auf der Welt aus dem Weg zu gehen. Oh, es ist gar nicht so einfach, wie man denkt. Ihr würdet staunen, wie viele Clowns herumlaufen. Aber Russell tut es trotzdem, denn auch nach zehn Jahren Ehe will er seine Frau noch vor Dingen beschützen, die ihr Angst machen.

Ich hab's, Greg
von Georgia, 33

Ich war mit einem Mann zusammen, der grundsätzlich nie nett zu meinen Freunden war. Er hat praktisch nie gelächelt oder Blickkontakt hergestellt, wenn wir gemeinsam mit ihnen unterwegs waren. Und wenn sie ihn in ein Gespräch verwickelt haben, hat er ihnen nie persönliche Fragen gestellt. Manchmal hat er sich sogar mitten im Satz von ihnen abgewandt. Natürlich hat er nie offen gesagt, dass er sie nicht leiden kann, aber so verhielt er sich nun einmal. Okay, ich geb's zu. Ich habe nicht deswegen mit ihm Schluss gemacht. Stattdessen hat er mich abserviert. Aber wenn ich jetzt daran zurückdenke, bin ich froh, nicht mehr mit diesem Mann zusammen zu sein. Ich will jemanden an meiner Seite haben, der liebenswürdig ist und meine Freunde nett findet. Ich will eines Tages mit jemandem bei meinen Freunden auftauchen, über den sie mir am nächsten Tag am Telefon sagen: »Oh, Mann, ist der toll!«

FALLS IHR GREG NICHT GLAUBT

Ein Freund von mir weigert sich standhaft, sich von einer Frau zu trennen, mit der er verlobt ist, weil er Angst hat. (Ja, wir sind eine wahrlich beeindruckende Spezies.) Wann immer ich ihn anflehe, endlich den Stecker rauszuziehen, kriege ich dieselbe Antwort zu hören. »Greg, ich warte auf den großen Streit. Ich warte nur auf den letzten großen Streit.« In der Zwischenzeit hackt er weiter auf seiner Verlobten herum, zwiebelt und piesackt sie, nur damit er endlich seinen »großen Streit« bekommt und diese Beziehung beenden kann. Es ist keine schöne Geschichte, und ich kann nur hoffen, sie jagt euch ein klein wenig Angst ein.

100 % der befragten Männer gaben an, sie hätten noch nie versucht, ein Mädchen zu quälen oder zu demütigen, auf das sie ernsthaft standen. Tja, das ist immerhin ein Anfang.

Was ihr aus diesem Kapitel gelernt haben solltet

▶ Das Leben ist schon schwer genug, ohne dass man sich einen komplizierten Partner sucht, mit dem man es teilt.

▶ Du verdienst es, mit jemandem zusammen zu sein, der immer nett zu dir ist. (Aber du musst auch immer nett zu ihm sein.)

▶ Es gibt grundsätzlich keinen Grund, jemanden anzuschreien, es sei denn, derjenige schwebt in unmittelbarer Gefahr.

▶ Freaks sollten im Zirkus bleiben, nicht in deiner Wohnung leben.

▶ Du hast schon ein Arschloch. Du brauchst kein zweites.

▶ Schaff Platz in deinem Leben für all die wunderbaren Dinge, die du verdienst.

▶ Sei zuversichtlich. Was bleibt dir auch anderes übrig?

Unser supertolles, wirklich hilfreiches Arbeitsheft

Wenn du in einer Partnerschaft steckst, von der du ahnst, dass sie dir nicht guttut, du dir aber nicht ganz sicher bist, mach diese einfache Übung:

Nimm einen Kassettenrekorder. Sprich die Geschichte deiner Beziehung darauf. Spiel den Rekorder mit der Kassette ab. Stell dir vor, deine allerbeste Freundin erzählt dir die Geschichte. Würdest du dir nicht etwas Besseres für sie wünschen?

Wenn du dir beim besten Willen nicht vorstellen kannst, etwas Besseres zu verdienen, versuch wenigstens, einer deiner Freundinnen zu glauben, die dieser Meinung sind … nur so lange, bis du diese Beziehung hinter dich gebracht hast.

12
Hört nicht auf all diese Geschichten

Klar. Diese Geschichten gibt es: Von Männern, bei denen die Frau die Initiative ergriffen hat und sie am Ende die Liebe seines Lebens wird; von dem Mann, der das Mädchen, mit dem er manchmal ins Bett geht, jahrelang wie ein Stück Dreck behandelt, sie bleibt bei ihm, und jetzt ist er ein hingebungsvoller Ehemann und Vater; die von dem Mann, der das Mädchen, mit dem er geschlafen hat, einen Monat lang nicht anruft, dann tut er es auf einmal doch, und die beiden leben glücklich miteinander bis an ihr Lebensende; und die Geschichte von der Frau, die eine Affäre mit einem verheirateten Mann hat, den sie am Ende selbst heiratet und eine lange und glückselige Ehe mit ihm führt.

Wir wollen nicht, dass ihr euch diese Geschichten anhört. **Diese Geschichten helfen euch nicht weiter. Sie sind die Ausnahme von der Regel. Wir wollen aber, dass ihr euch selbst als Regel betrachtet. Davon auszugehen, dass ihr die Ausnahme darstellt, ist das, was euch überhaupt erst in diesen Schlamassel gebracht hat. Sagt euren Freundinnen, sie sollen aufhören, euch diese Geschichten zu erzählen. Wann immer ihr eine davon zu hören bekommt – eine Geschichte über irgendeine Frau, die zuerst schlecht behandelt wurde, bevor am Ende doch alles gut wurde –, haltet euch die Ohren zu und singt laut »lalalala!«.**

Ihr seid außergewöhnliche Frauen, aber nicht die Ausnahme!

13
Und was macht ihr jetzt?

Okay. Wir haben gerade euer Privatleben in Schutt und Asche gelegt. Wir geben es zu. Würden alle Frauen in diesem Buch unsere Ratschläge befolgen, gäbe es eine wahre Flut an frisch gebackenen weiblichen Singles da draußen. Deshalb halten wir es für unsere Pflicht zu erläutern, wie man sich nach der Trennung verhalten sollte.

Wir sind weder Psychiater noch neigen wir zu auffallend mädchenhaftem Verhalten (besonders Liz nicht), deshalb werden wir hier nicht mit Dingen wie Kerzen und Schaumbädern und selbst gekauften Blumensträußen anfangen. Aber ich finde, wir könnten euch bitten, zumindest zu spüren (wenn auch nur ein ganz klein wenig), wie gut es sich anfühlt, aus einer Beziehung mit einem Mann ausgestiegen zu sein, der in Wahrheit nicht auf euch stand. Spürt ihr wenigstens einen Hauch von Erleichterung? Denkt nur mal daran, wie viel Energie es erfordert, sich all die Ausreden für jemanden einfallen zu lassen, und zu versuchen, »zu verstehen, was im anderen vorgeht«. Denkt an all die Zeit, die ihr jetzt für viele andere, positive Dinge verwenden könnt, statt ständig krampfhaft über ihn nachzudenken. Ja, Trennungen sind etwas sehr Schmerzliches, selbst von jemandem, mit dem ihr nur ein paar Mal ausgegangen seid. Mag sein, dass ihr wirklich begeistert von diesem Mann wart und euch große Hoffnungen für die Zukunft gemacht habt. Aber welche neue Energie verleiht es einem, wenn man die innere Klarheit besitzt, um »Er stand einfach nicht auf mich« sagen zu können? Könnt ihr euch vorstellen, wie dieses Mädchen in Zukunft sein wird? Nichts wird sie mehr aufhalten können!

Okay, es gibt eine Million Dinge, die ihr nach einer Trennung tun könnt. Was ihr in dieser Phase konkret macht – Yoga, Affirmationskassetten, Mordanschläge –, ist eure Sache. Wichtig ist, dass ihr den Schmerz spürt. Ihr müsst ihn fühlen, die Phase durchleben und sie am Ende hinter euch lassen. Wir können nur eines tun: Mit diesem Buch versuchen, euch zu helfen, es beim nächsten Mal anders zu machen. Unsere erste Empfehlung an euch ist, ein paar Prinzipien festzulegen.

Setzt eure Prinzipien neu fest

Klar, ihr sagt jetzt »Aber ich habe doch Prinzipien«. Tja, genau diese Prinzipien haben euch dazu gebracht, dieses Buch zu kaufen, also weg damit! Stattdessen sollten wir ein paar Maximen festlegen, an die ihr euch halten könnt. Es ist eure Aufgabe zu bestimmen, wie es beim nächsten Mal abläuft. (Bestimmt werdet ihr jetzt fragen: »Was, wenn es kein nächstes Mal gibt?« Und wir erwidern darauf: »Packt diesen Ballast auf ein Schiff, von dem ihr wisst, dass es auf dem Meeresgrund enden wird.«)

Ein Prinzip besteht darin, ein Niveau festzulegen, das ihr nicht zu unterschreiten bereit seid. Ihr habt die Entscheidung in der Hand, wie es für euch abläuft. Ihr habt jetzt die Gelegenheit, den Menschen zu definieren, der ihr in Zukunft sein wollt, ebenso wie die Prinzipien, die euer Leben bestimmen sollen. Schreibt eure neuen Prinzipien auf, so dass ihr sie nie vergessen könnt, egal wie süß er ist oder wie lange euer letzter Sex zurückliegt. (Okay, wir geben es ja zu, einige unserer Arbeitsübungen waren ein bisschen albern, aber diese hier meinen wir wirklich ernst.) Sorgt dafür, dass ihr wisst, wofür ihr steht und woran ihr glaubt.

Da wir ja glauben, wir wüssten es besser als ihr (immerhin haben wir einen Buchvertrag abgeschlossen, oder?), geben wir euch hier ein paar Vorschläge für Standardprinzipien.

Vorschläge für Prinzipien

Ich werde mich nicht auf einen Mann einlassen, der mich nicht als Erster um ein Rendezvous gebeten hat.

Ich werde mich nicht mit einem Mann einlassen, der mich ständig auf seinen Anruf warten lässt.

Ich werde mich nicht auf ein Rendezvous mit einem Mann einlassen, der sich nicht sicher ist, ob er überhaupt ein Rendezvous mit mir haben will.

Ich werde nichts mit einem Mann anfangen, der mir das Gefühl gibt, sexuell nicht anziehend zu sein.

Ich werde nichts mit einem Mann anfangen, der in einem Ausmaß Alkohol oder Drogen konsumiert, das mir Unbehagen bereitet.

Ich werde nicht mit einem Mann eine Beziehung eingehen, der Angst hat, über die Zukunft zu reden.

Ich werde nicht, unter keinen Umständen, meine wert-
volle Zeit mit einem Mann zubringen, der mich bereits
zurückgewiesen hat.

Ich werde mich nicht mit einem verheirateten Mann einlassen.

Ich werde keine Beziehung mit einem Mann aufbauen,
der nicht unübersehbar ein anständiger, liebevoller und
netter Mensch ist.

Jetzt seid ihr an der Reihe. Nur ihr selbst kennt die Prinzipien,
die ihr noch nicht festgelegt habt. Schreibt sie auf. Vergesst sie
nicht.

MEINE SUPERHILFREICHEN PRINZIPIEN, DIE ICH NIE WIEDER VERGESSEN ODER ÜBER BORD KIPPEN WERDE, WIE SCHARF DER TYP AUCH SEIN MAG:

1.

2.

3.

4.

5.

6.

7.

8.

9.

10.

Glossar

Nun, da ihr eure Prinzipien festgelegt habt, wollen wir auch sichergehen, dass ihr euch daran haltet. Die Leute erzählen einem ständig, man solle auf die roten Fahnen achten, die Gefahr verheißen. Aber oft verraten sie einem dabei nicht, wie man diese roten Fahnen findet. Aus diesem Grund haben wir die gebräuchlichsten Vokabeln zusammengestellt, die Männer verwenden, wenn sie in Wahrheit »Ich stehe nicht auf dich« sagen wollen.

Scheinbar harmlose Worte und Sätze, die auch für fiese Zwecke verwendet werden können

Wort	Was es bedeuten sollte	Was es manchmal bedeutet
Freund	Ich würde nie mit Absicht etwas tun, das dich verletzt.	Ich stehe einfach nicht auf dich.
Beschäftigt	Ich habe heute offiziell das Amt des Präsidenten der Vereinigten Staaten übernommen.	Ich stehe einfach nicht auf dich.
Böser Junge	Ein Kerl, von dem du dich fernhalten solltest.	Ein Kerl, von dem du dich fernhalten solltest.
Ich bin noch nicht so weit.	Ich finde meine Hose im Moment nicht.	Ich stehe einfach nicht auf dich.
Ruf mich an.	Mein Handy ist gerade ins Meer gefallen, und ich habe deine Nummer verloren.	Ich stehe einfach nicht auf dich.
Kein Familien-mensch	Ich will nicht mit deiner Mutter ausgehen.	Ich stehe einfach nicht auf dich.
Angst vor Intimität	Die Angst, intim zu werden.	Ich stehe einfach nicht auf dich.

14
Frage und Antwort mit Greg

Ich weiß, dass einige dieser Ideen für manche neu und damit nicht ganz einfach zu verarbeiten sind. Aus diesem Grund denke ich, Greg sollte noch einige Dinge genauer erklären, um zu gewährleisten, dass niemand dieses Buch mit den falschen Vorstellungen zuklappt. Okay, ich will nicht lügen – *ich* bin diejenige, die ein paar zusätzliche weitere Erklärungen von Greg gebrauchen könnte. Für mich. Denn einige dieser Ratschläge sind wirklich schwer zu verarbeiten. — Liz

1. Jetzt mal im Ernst, Greg. Bist du sicher, dass ich einen Mann nicht als Erste um eine Verabredung bitten kann? Die Männer sagen immer, ich würde ziemlich einschüchternd wirken. In diesem Fall sollte ich ihnen doch ein wenig auf die Sprünge helfen dürfen.

Die meisten tollen Dinge, die wir uns wünschen, schüchtern uns ein. Das macht ja das Leben so verdammt aufregend. Hast du wirklich Zeit für einen Mann, dessen Angst vor dir so groß ist, dass er dich nicht mal auf einen Kaffee einladen kann?

2. Greg, bist du wirklich sicher, dass es so viele tolle Männer da draußen gibt, dass ich die vielen anderen Typen, die weit davon entfernt sind, perfekt zu sein, in die Wüste schicken kann?

Ich weiß nicht, wie ich die Frage anders beantworten könnte als damit: In einer intakten Beziehung zu leben ist viel besser, als in einer unbefriedigenden. Und du wirst nie in der Lage sein, in einer intakten Beziehung zu leben, wenn du dich an *Mr. Wie hieß dieser Mistkerl noch?* klammerst. Nur du allein kannst sagen, dass die Beziehung, die du führst, nicht gut genug für dich ist. Ein aufschlussreicher Hinweis, dass du etwas Besseres kriegen kannst, ist, wenn du nur bei *Mr. Wie hieß dieser Mistkerl noch?* bleibst, weil du Angst hast.

3. Was, wenn ich lieber mit jemandem zusammen wäre, der nicht auf mich steht, als allein zu sein?

Ich verstehe, worauf du hinauswillst. Man kann sich mies fühlen und ganz allein sein. Oder man kann sich mies fühlen und wenigstens jemanden an seiner Seite haben, mit dem man seine Feiertage verbringt. Verstehe. Auf den ersten Blick sieht das Ganze nach einem fairen Deal aus – wenn man davon absieht, dass die beiden Alternativen mit sich bringen, dass du dich mies fühlst. Indem du mit dem Mann zusammenbleibst, der nicht auf dich steht, sorgst du dafür, dass du nie denjenigen findest, der genau das tut. Ich rate dir: Geh das Risiko ein, keinen Mann an deiner Seite zu haben, mit dem du Weihnachten feiern kannst, und dich möglicherweise eine Zeit lang einsam zu fühlen, aber mit der Gewissheit, dass am Ende etwas viel Besseres für dich dabei herausspringt.

4. Greg, glaubst du ernsthaft, dass da draußen so viele Männer sind, die so liebevoll sein können, wie ich es deiner Meinung nach verdiene?

Klar. Ja, ja, ja, das tue ich. Sonst hätte ich dieses Buch wohl kaum geschrieben.

5. Greg, im Buch sagst du, ich sollte mit meinem Exfreund kein Wort wechseln, es sei denn, er bettelt darum, wieder zu mir zurückkommen zu dürfen. Andererseits rätst du, ich sollte vorsichtig bei einem Mann sein, wenn er sich wieder mit mir versöhnen will, nachdem er mit mir Schluss gemacht hat. Was also?

Okay, in erster Linie ging es mir darum, dass du den Unterschied zwischen einem Exfreund, der dich einfach vermisst und einen Ersatz braucht, und dem Mann erkennst, dem klar wird, dass er einen Fehler begangen hat, und der sich ernsthaft wieder mit dir versöhnen will. Aber selbst dann denke ich, dass man vorsichtig vorgehen muss und seine Motive sehr genau hinterfragen sollte. Und ich will auf jeden Fall, dass du dich von jedem Mann fernhältst, der sich in regelmäßigen Abständen von dir trennt.

6. Glaubst du, ein mieser Typ kann sich innerhalb einer Beziehung so verändern, dass er zu einem anständigen Mann wird?

Diese Frage möchte ich nur sehr ungern jemandem beantworten, der vielleicht gerade in einer schwierigen Lage steckt und eine Bestätigung von mir haben möchte. Grundsätzlich glaube ich, dass alles möglich ist. Aber die Erfahrung hat gezeigt, dass die meisten Männer sich nicht ändern. Und bei denjenigen, bei denen es der Fall war, hat sich die Veränderung erst eingestellt, als sie eine neue Frau kennen gelernt hatten.

7. Was, wenn ich mich anscheinend nur zu Männern hingezogen fühle, die nicht auf mich stehen?

Okay, du hast diese kleine seltsame Macke, die dich aus irgendeinem Grund immer genau an die Männer geraten lässt, die am Ende nichts von dir wollen. Wir können jetzt endlos darüber reden, warum das so ist, und uns fragen, was mit deinen Prioritäten los ist, so dass du dich immer zu dieser Art von Männern hingezogen fühlst. Als kurzfristige Lösung können wir zumindest die Zeitspanne korrigieren, die du damit verbringst, dich an einen Mann zu klammern, nachdem du mitbekommen hast, dass er nicht auf dich steht. Im Lauf der Zeit werden dir eine Menge Männer, anständige und nicht anständige, begegnen. Die Entscheidung jedoch, in welchen von ihnen du deine Zeit investierst, triffst allein du. Und zwar auf der Stelle.

8. Komm schon, Greg, gib's zu. Manchmal gibt es echte und aufrichtige Gründe, weshalb ein Mann, der mich mag, keine ernsthafte Beziehung mit mir führen kann. Es muss nicht immer heißen, dass er nicht richtig auf mich steht.

Vielleicht gibt es tatsächlich solche Männer, vielleicht aber auch nicht. Du musst nur an eines immer denken: Mr. Ichkann-jetzt-gerade-nicht ist genau derselbe Mann wie Mr. Ichstehe-einfach-nicht-auf-dich. Beide wollen nicht mit dir zusammen sein. Der eine sagt dir offen, dass er nicht mit dir zusammen sein kann, aber das Resultat bleibt dasselbe. Er steht eben nicht auf dich. Lass nicht zu, dass du auf ihn wartest, nur weil er sich mit irgendwelchen persönlichen Problemen herumschlägt. Er ist einfach nicht in der Lage, auf dich zu stehen. Du verdienst etwas Besseres.

9. Du scheinst es ja unglaublich faszinierend zu finden, Frauen in Unterwäsche zu sehen? Was hat es denn damit auf sich?

Ich finde nichts aufregender als eine Frau in Unterwäsche! Verklag mich ruhig deswegen, wenn du willst.

15
Ein paar Worte zum Abschluss von Greg

Eines Abends unterhielt ich mich mit einer Frau in Austin, Texas, die sich mit einem sehr verbreiteten »Er steht einfach nicht auf dich«-Problem herumschlug. Sie hatte einen Mann bei der Arbeit kennen gelernt, der wie der Blitz eingeschlagen hatte. Die beiden hatten gleich beim ersten Rendezvous Sex, und dann verschwand er. Bildlich gesehen, meine ich. Er ging nirgendwo anders hin, und sie trafen sich auch nach wie vor, aber der Mann, den sie ursprünglich kennen gelernt hatte, war mit einem Mal verschwunden. Stattdessen hatte sie einen Mann an ihrer Seite, der jeden Blickkontakt mied, ständig nur mürrisch und müde war, nur noch mit ihr schlafen wollte, wenn er etwas getrunken hatte, und sie nie offiziell zu einem Rendezvous einlud. Oh, und er erzählte ihr, sie sei das tollste Mädchen, dem er je begegnet wäre, dass er noch nie so für eine Frau empfunden hätte und (ihr habt es bereits geahnt) dass er Angst hätte. Am liebsten hätte ich ihn kennen gelernt, um ihn in einen Glaskasten zu setzen, ein Schild mit der Aufschrift »DAS IST GENAU DER KERL, VOR DEM ICH EUCH IMMER GEWARNT HABE. NICHT AN DIE SCHEIBE TRETEN!« dranzuhängen und mit ihm durch die Welt tingeln zu können. Ich war schrecklich aufgeregt, endlich meine brandneuen »Er steht einfach nicht auf dich«-Theorien anzubringen. *Das wird sie vom Hocker hauen, so wie die Mädels bei* Sex and the City, *und sie wird sich zu einem neuen und glück-*

217

licheren Leben aufmachen, dachte ich. Doch als ich ihr mein Wissen näher brachte, spürte ich eine gewisse Anspannung.

»Woher wollen Sie wissen, dass ich jemand anderen finde?«, fragte sie.

»Das weiß ich gar nicht. Ich sehe nur keinen Sinn darin, in einer Beziehung zu leben, die mir als unter Ihrer Würde erscheint und Ihnen offenbar nur schadet. Sie sind eine coole und unübersehbar sehr attraktive Frau …«

»Sie kennen mich doch gar nicht!«, unterbrach sie mich, beinahe schreiend. »Woher wollen Sie wissen, dass ich es besser hinkriege? Sie haben mich doch gerade eben erst kennen gelernt. Und wieso kümmert Sie das überhaupt?«

Wow! Sie hatte mich eiskalt erwischt. Einen Augenblick lang war ich sprachlos, aber dann fiel mir wieder ein, warum ich all das tat. Ich sagte zu ihr, was ich jetzt zu euch sage. »Ich brauche Sie nicht gut zu kennen, um zu wissen, dass zumindest Sie selbst sich das zutrauen sollten.« Und warum es mich kümmert? Oder, besser ausgedrückt, wer bin ich, dass ich anderen Menschen Ratschläge erteilen kann? Ich bin ein ehemaliger Single, der mit denselben lahmen Ausreden ankam, deshalb weiß ich, was diese Burschen in Wahrheit treiben. Als ich meine Frau, Amiira, kennen gelernt habe, bin ich zu einem anderen Menschen geworden. Zu einem Mann, der wie verabredet und angemessen gekleidet auf der Matte steht. Und ich gebe diese Ratschläge, weil ich an die Liebe glaube. Ich glaube nicht nur theoretisch daran, sondern lebe die Liebe auch. Ich finde es gut, die Frau, die ich liebe, stets und durch jede meiner Handlungen wissen zu lassen, dass ich sie liebe. Warum ihr alle mir am Herzen liegt? Weil ich eine Schwester und viele weibliche Freunde habe, die ich sehr, sehr gern habe, trotz ihrer mangelnden Bereitschaft, die Alarmglocken einer lausigen Beziehung läuten zu hören. Weil ich eine *wunderbare* Schwester und so viele *tolle* weibliche Freunde habe, die nach wie vor nicht restlos überzeugt sind, dass sie etwas Besseres verdienen. Und dass sie nur einen besseren Mann finden, wenn sie sich von dem erdrückenden Gewicht eines Mannes befreien, der nicht zu ihnen passt. Weil ich eine *unglaubliche* Schwester und so viele *brillante* weibliche Freunde habe, die nach wie vor nicht mit ganzem Herzen akzeptieren, dass eine tief empfundene Liebe erhebend, inspirierend und geradezu berauschend ist, und dass sie sich niemals mit weniger zufriedengeben sollten. Miserable Beziehungen sorgen dafür, dass man sich miserabel fühlt, und dafür sind wir nicht auf dieser Erde.

Ein wenig Einblick und witzige, schlagfertige Antworten auf eure Briefe zu haben mag ja sehr lustig sein, aber im Kern kann die »Er steht einfach nicht auf dich«-Theorie geradezu magische Wirkung zeigen. Es kann kein Fehler sein, wenn sie euch dabei hilft, eine Beziehung hinter euch zu lassen, die unter eurer Würde ist. Wir wissen, dass nur ihr euch selbst befreien könnt. Ich möchte gar nicht so tun, als wüsste ich, wie ich eure Probleme lösen kann. Ich weiß nur, wie ich euch helfen kann, sie zu erkennen. Ich weiß, dass ihr es wert seid, tolle Beziehungen und ein noch tolleres Leben zu führen. Ich finde euch schön, und irgendwo ganz tief in eurem Inneren wisst ihr es auch, sonst hättet ihr jetzt dieses Buch nicht in der Hand. Ich betrachte das Leben als flüchtiges und Ehrfurcht einflößendes Geschenk, also vergeudet eure Schönheit nicht. Wenn ihr das hier lest, wollt ihr etwas Besseres haben. Wenn ihr das hier lest, will ich ebenfalls etwas Besseres für euch.

– Greg

16
Ein paar Worte zum Abschluss von Liz

Greg kann wirklich nerven.

Greg kann wirklich nerven. Ich muss es ja wissen. Schließlich arbeite ich mit ihm zusammen. Selbst während der Entstehung dieses Buches hat er es geschafft, all meine Hoffnungen und Träume im Hinblick auf die Männer, die potenzielle Partner waren, in Schutt und Asche zu legen. Es scheint, als wäre keiner gut genug für Greg. Es ist völlig ausgeschlossen, Greg mit seinen Ansprüchen an das Verhalten von Männern zufriedenzustellen. Für wen hält Greg sich eigentlich? Wo ist das Problem, wenn mein Kerl mich erst am Montag und nicht wie versprochen schon am Wochenende anruft? Was ist verkehrt daran, Greg? Meine Güte, ein einziger lächerlicher Tag. Bei der unfassbar hohen Latte, die du gelegt hast, Greg, werde ich es … keine Ahnung, ungefähr alle acht Jahre zu einem Rendezvous bringen.

Und er ist auch so konsequent. Er lebt nicht in der Grauzone. Ich schon. Ehrlich gesagt, habe ich eine Eigentumswohnung gekauft und bin in die Grauzone gezogen. Es ist die richtige Entscheidung für mich (selbst wenn die Unterhaltskosten enorm sind). Ich weiß nicht, was ich rein theoretisch tun würde, wenn mein Ehemann, mit dem ich seit fünfzehn Jahren verheiratet bin und mit dem ich drei Kinder habe, mich betrügen würde. Greg schon. Er ist konsequent. Außerdem bin ich Pessimistin, und Gregs unerschütterlicher Optimismus nervt fürchterlich. Es geht mir auf die Nerven, wenn er mir erzählt, er glaube, jeder – wenn derjenige aus vollem Herzen daran glaubt und offen dafür ist – könne einen guten Menschen finden, den er lieben kann. Ich glaube nicht, dass das stimmt. Stattdessen glaube ich, dass einige der Menschen, die Single und bereit für die Liebe sind, an Krebs erkranken und sterben, von einem Auto überfahren oder einfach eben nie die Liebe mit einem anständigen Mann finden und sich mit dieser Tatsache arrangieren müssen. (Das ist der Grund, warum nicht ich diejenige in diesem Buch bin, die all die Fragen beantwortet!)

Ich weiß auch, dass ich sehr einsam sein kann. Greg ist seit fünf Jahren mit seiner Frau zusammen und hat keine Ahnung von der Einsamkeit. Für ihn ist es leicht, vor dem Tischkarussell der Liebe zu sitzen und mir zu sagen, ich solle einfach so lange drehen, bis das richtige Gericht an mir vorbeikommt. Schließlich hat er an jedem Valentinstag ein Rendezvous, und zwar für den Rest seines verdammten Lebens.

Trotzdem glaube ich, dass er Recht hat – sehr oft sogar, was am nervtötendsten von allem ist. Greg ist der große Bruder, den wir alle in unserem Leben (und in unseren Köpfen) haben sollten. Er will, dass die Männer uns besser behandeln, als selbst wir es von ihnen verlangen würden. Wir sind darauf konditioniert, so wenig zu erwarten; man hat uns eingebläut, nicht zu fordernd zu sein und nicht den Eindruck zu erwecken, als hätten wir es nötig. Aber was würde wohl passieren, wenn alle Frauen auf der Welt auf Greg hören würden – wenn wir alle auf einmal darauf bestehen würden, dass Männer ihr Wort halten, uns mit Respekt behandeln und mit dem angemessenen Ausmaß an Liebe und Zuneigung überschütten? Ich denke, in diesem Fall gäbe es unfassbar viele Männer auf der Welt, die sich gut benehmen. Mehr sage ich nicht dazu.

In Anbetracht von Gregs Weltanschauung – tja, ich kann euch unglaublich stichhaltige Argumente liefern, untermauert mit Statistiken, Diagrammen und Aufstellungen, weshalb mein Pessimismus die realistischere Weltanschauung ist. Aber macht mich das in irgendeiner Weise glücklicher?

Genau an diesem Punkt stehe ich heute: Ich bin einundvierzig Jahre alt und Single. Was kann mich zu einem glücklicheren Menschen machen? Klug genug bin ich bereits. Was ich jetzt brauche, ist eine konstante Dosis Glück.

Wenn ihr dieses Buch lest, seid ihr höchstwahrscheinlich jemand, der viel zu viel Zeit mit Männern zugebracht hat, die euch zu wenig gegeben haben – das heißt, ihr könnt eine kleine Greg-Stimme in eurem Kopf gut gebrauchen. Mal ehrlich, welche Frau könnte keinen Mann im Ohr gebrauchen, der sie ständig daran erinnert, dass sie klug, wertvoll und wunderbar ist und alles verdient, was sie sich je gewünscht hat? Keine Einzige. Die Welt da draußen überschüttet uns mit gegenteiligen Aussagen. Ich denke, Greg schreit uns all das so laut ins Gesicht, in der Hoffnung, einiges von all dem anderen Lärm da draußen zu übertönen.

Ich hoffe, dieses Buch hat euch weitergeholfen. Ich hoffe, es hat euch das eine oder andere Lachen entlockt, wenn ihr euch wiedergefunden habt. Und ich hoffe, ihr findet eine tolle, gesunde und alles verändernde Liebe, genauso wie ihr sie euch immer erhofft habt.

Vielleicht noch mit der einen oder anderen Überraschung, nur so zum Spaß.

– Liz

Worte des Dankes

Es gibt einige Menschen, ohne deren Mithilfe dieses Buch niemals zustande gekommen wäre. Allen voran möchten wir dem unglaublich talentierten Autorenteam von Sex and the City danken: Cindy Chupack, Jenny Bicks, Amy B. Harris, Julia Sweeney, Julie Rottenberg, Elisa Zuritsky (die gemeinsam die tolle Episode geschrieben und somit das erste Mal die »Er steht einfach nicht auf dich«-Message in die Welt hinausgetragen haben) und natürlich unserem brillanten Produktionsleiter, Michael Patrick King. Unsere tiefe Dankbarkeit und Zuneigung gilt ihnen allen – für ihre Unterstützung, ihre Großzügigkeit und schier übermenschliche Witzigkeit.

Außerdem möchten wir allen danken, die uns bei der Umsetzung dieser verrückten Buchidee von Anfang an geholfen haben: John Melfi, Sarah Condon, Richard Oren und allen anderen bei HBO, die uns hilfreich zur Seite standen. Unser Superagent und Freund Greg Cavic bei ICM hat den Stein ins Rollen gebracht. Zu großem Dank sind wir auch Julie James verpflichtet, die immer dann aktiv wurde, wenn es notwendig war. Unserem Agenten Andy Barzvi, der das Buch zuerst unter seine Fittiche genommen und es dann verdammt gut an den Mann gebracht hat, danken wir ebenfalls von ganzem Herzen, ebenso wie unserem Lektor Patrick Price, der stets ein Gentleman und kluger Lehrer war.

Dank auch an all die Damen und Herren, die unsere Fragebögen ausgefüllt, uns ihre Geschichten erzählt, Fragen gestellt und dafür gesorgt haben, dass wir auf dem Teppich bleiben. Wir danken unseren Familien und Freunden für ihre unermüdlichen Ermutigungen, ganz besonders Shirley Tuccillo und Kristen Behrendt.

Last but not least danken wir Amiira Ruotola Behrendt, deren Mithilfe, Leidenschaft, Humor, Talent, Liebe und außergewöhnlich gut aussehendes Vorbild dieses Buch erst zu dem gemacht haben, was es ist.